EXPOENTES DO
VALUE
INVESTING

De Graham a Pabrai: o legado de investidores escritores

CB002226

O MELHOR DO SUNO CALL, POR TIAGO REIS

Volume II

EXPOENTES DO VALUE INVESTING

De Graham a Pabrai: o legado de investidores escritores

São Paulo | 2022

SUMÁRIO

A MISSÃO DA SUNO RESEARCH

A cada geração, uma parte da humanidade se compromete a deixar o mundo um lugar melhor do que encontrou. Esse contingente populacional acredita que, para tanto, é preciso investir em inovações.

Foram as inovações promovidas pela humanidade, ora confundidas com descobertas, ora com invenções, que nos tiraram da Idade da Pedra e nos colocaram no olho do furacão da Era Digital.

Nos últimos séculos, quase todas as inovações científicas e tecnológicas foram difundidas pelas instituições empresariais, sejam elas privadas ou públicas, visem elas lucros ou não.

Grande parte das empresas que promoveram inovações recorreu ao mercado de capitais para obter financiamentos para os seus projetos. Essa premissa continua válida.

Os países onde os mercados de capitais são mais desenvolvidos concentram também as empresas mais inovadoras do planeta. Nos Estados Unidos, milhões de pessoas investem suas economias nas Bolsas de Valores.

Uma parcela significativa dos norte-americanos obtém a independência financeira, ou o planejamento da aposentadoria, associando-se com grandes empresas que movimentam a economia global.

São bombeiros, advogados, professoras, dentistas, zeladores, ou seja, profissionais dos mais diversos tipos que se convertem em investidores, atraindo empreendedores de várias origens, que encontram dificuldades de empreender em sua terra natal.

No Brasil, o mercado de capitais ainda é muito pequeno perto de sua capacidade plena. Até 2017, quando a Suno iniciou suas operações, menos de um por cento da população brasileira investia através da Bolsa de Valores de São Paulo.

A missão da Suno Research é justamente promover a educação financeira de milhares de pequenos e médios investidores em potencial.

Como casa independente de pesquisas em investimentos de renda variável, a Suno quer demonstrar que os brasileiros podem se libertar do sistema público de previdência, fazendo investimentos inteligentes no mercado financeiro.

O brasileiro também pode financiar a inovação, gerando divisas para seu país e se beneficiando dos avanços promovidos pela parceria entre investidores e empreendedores.

O investidor brasileiro em potencial ainda tem receio de operar em Bolsa. Vários são os mitos sobre o mercado de capitais, visto como um ambiente restrito aos especialistas e aos mais endinheirados.

A facilidade para realizar aplicações bancárias – embora pouco rentáveis – e os conflitos de interesse de parte das corretoras de valores, que fornecem análises tendenciosas de investimento visando comissões com transações em excesso, são fatores que também distanciam muita gente do mercado financeiro nacional.

Como agravante, a Suno tem em seu segmento de atuação empresas que fazem um jogo publicitário pesado, oferecendo promessas de enriquecimento que não se comprovam na realidade. Não existe enriquecimento rápido; tal possibilidade ocorre no longo prazo.

Por meio de seus artigos, análises de empresas e fundos imobiliários, vídeos, cursos e também livros como este, a Suno vem para iluminar a relação do brasileiro com o mercado de capitais, que, se não tem a solução para todos os problemas, é parte do esforço da humanidade para deixar este mundo melhor, por meio de investimentos em valores monetários, morais e éticos.

PREFÁCIO

Ler, investir e escrever: verbos conjugados por pessoas bem-sucedidas

Por Tiago Reis

A *newsletter* Suno Call foi criada em fevereiro de 2018 e, quatro anos depois, já havia ultrapassado a marca de mil edições. Publicado logo de manhã em dias úteis, esse boletim informativo é aberto com textos livres, abordando as diversas questões sobre o mercado financeiro, bem como os conceitos defendidos por grandes investidores. Alguns deles escrevem livros, outros não.

Warren Buffet e Charlie Munger, por exemplo, construíram uma longeva carreira praticando o *Value Investing*. Porém, embora tenham apresentado palestras memoráveis e escrito cartas históricas, nenhum deles se envolveu em livros com os próprios punhos.

As obras a respeito deles foram elaboradas por terceiros, inclusive a primeira coletânea baseada no projeto Suno Call *Lições de Valor com Warren Buffett & Charlie Munger: Ensinamentos para quem investe em Bolsa com foco no longo prazo* lançada como *e-book* na plataforma da Amazon em junho de 2020 e em versão impressa cerca de um ano depois. Esse livro teve centenas de avaliações positivas, com uma pontuação bem alta na Amazon, o que é um indicativo da qualidade que entregamos para os nossos leitores.

Tal resultado foi o incentivo para desenvolver uma nova seleção de textos, desta vez enfocando os investidores que, além de serem estelares em suas atividades primordiais, ingressaram no mercado editorial com igual brilho e capacidade de influenciar positivamente uma legião de adeptos de suas estratégias.

Coube a Jean Tosetto, responsável pelos livros da Suno Research, escolher os homenageados desta edição, que ele batizou como *Expoentes do Value Investing*, ordenando os autores por data de nascimento. Deste modo, temos *insights* sobre Benjamin Graham, Décio Bazin, Peter Lynch, Howard Marks, Ray Dalio, Joel Greenblatt e Mohnish Pabrai. São cinco norte-americanos, um brasileiro e um indiano – o que demonstra que os conceitos do investimento em valor são universais, embora tenham se difundido primordialmente nos Estados Unidos.

Como investidor, já aprendi muito com todos eles, ao longo da minha carreira. Agora, quero compartilhar suas grandes ideias com você, que pode até sentir falta de textos sobre Aswath Damodaran, célebre defensor do *Valuation*, e John Bogle, notável gestor que criou o conceito dos fundos de índices tradicionais, entre outros que ficaram de fora deste segundo livro da coleção Suno Call.

Não se preocupe. No futuro, também planejamos dedicar livros a esses e outros personagens importantes da literatura sobre investimentos, sempre visando incentivar a leitura, pois através dela as pessoas podem se desenvolver em vários sentidos. Aqueles que colocarem em prática os ensinamentos contidos nesta antologia levarão como bônus o tão desejado crescimento do patrimônio líquido.

Neste lançamento, não ficamos restritos à reprodução dos textos publicados anteriormente em nosso boletim eletrônico. Atentos aos ensinamentos dos grandes mestres do investimento em valor, incluímos tabelas e gráficos extraídos do portal Status Invest, relativos aos principais indicadores fundamentalistas abordados em obras clássicas como *Faça Fortuna com Ações*, de Décio Bazin, e *O jeito Peter Lynch de investir*.

Deste modo, você poderá verificar por conta própria o que for assimilando ao longo dos capítulos, tendo como base a realidade brasileira do mercado de capitais. Algo me diz que a sua constatação final será a de que o *Value Investing* vale a pena.

I – BENJAMIN GRAHAM (1894-1976)

A filosofia do Value Investing *é extremamente relevante ainda hoje, pelo fato de que a natureza humana é uma constante. Investidores sempre tenderam a reagir de maneira exagerada a movimentos positivos e negativos das ações. E essa tendência é bastante provável de continuar no longo prazo.*

BENJAMIN GRAHAM: O PAI DO *VALUE INVESTING*

Suno Call 310 – 09/05/2019

Benjamin Graham nasceu em maio de 1894, em Londres. Sua família se mudou para Nova York no ano seguinte. Quando tinha nove anos, seu pai faleceu, deixando a família em uma difícil situação financeira, de modo que Benjamin precisou lutar para ajudar no seu sustento.

Quando Graham chegou a Wall Street, aos 20 anos, em 1914, não tinha experiência ou dinheiro – nem qualificações. Graduou-se na Universidade de Columbia, cursando com bolsa de estudos e, após a formatura, entrou em uma pequena empresa em Wall Street, tornando-se um estatístico focado em *bonds* (títulos de dívida do governo americano ou de empresas, num sentido amplo, equivalente ao tesouro ou debêntures no Brasil).

Com 26 anos, foi promovido a sócio (*full partner*), porém, em 1926, saiu da empresa para montar seu próprio negócio: a Graham-Newman, junto com Jerry Newman.

Embora tenha sobrevivido à crise de 1929, Graham perdeu boa parte de seu patrimônio naquela ocasião. Além disso, a grande depressão foi responsável por ensinar muitas lições valiosas a Graham. Vale lembrar que foi na Graham-Newman que Buffett iniciou sua carreira.

Warren considera Benjamin Graham a segunda pessoa mais influente de sua vida, atrás apenas de seu pai. Não é por acaso que um de seus filhos se chama Howard Graham Buffett, em homenagem a seu pai, Howard Homan Buffett, assim como a Graham.

Além disso, Benjamin foi um dos criadores da ideia do CFA (*Chartered Financial Analyst*), a certificação de profissionais do mercado financeiro mais prestigiada a nível mundial, devido ao rigoroso processo para obtenção do título.

Em 1940, teve a ideia de um processo para certificar os analistas financeiros, que foi formalmente proposto e aprovado pela Sociedade de Analistas de Investimento de Nova York (NYSSA). Graham apresentou a certificação como: Analista de Investimento Qualificado (QSA – *Qualified Security Analyst*).

Entretanto, embora a NYSSA tenha apoiado a proposta, sua opinião era divergente, de modo que o programa só foi adiante em 1963. Apesar de não ter sido implementada à época, a ideia de Graham foi refinada ao longo dos anos, até que todas as sociedades de analistas financeiros concordassem com o credenciamento pelo CFA.

Graham se tornou um famoso investidor norte-americano, bastante conhecido por ser o pioneiro no investimento em valor, além de ser mentor de Warren Buffett, Irving Kahn e Walter Schloss.

Passou a ser conhecido também por *"The Dean of Wall Street"*, isto é, "O Reitor de Wall Street", devido à sua sabedoria. Também publicou, dentre outros livros, dois clássicos na literatura dos investimentos: *Security Analysis* (1934, não publicado em português), em conjunto com David Dodd; e *O Investidor Inteligente* (1949).

"Security Analysis" pode ser traduzido, simplificadamente, como "Análise de Investimentos". Neste livro, Graham traz a pedra fundamental do investimento em valor, que envolve comprar ações a preços descontados, com potencial de crescimento.

Nessa época, o mercado de ações era conhecido por ser um veículo especulativo e, portanto, não existiam noções dos conceitos de margem de segurança e valor intrínseco, introduzidos por Graham em seu livro de 1934, responsáveis por pavimentar o caminho para a análise fundamentalista de ações, fugindo de atitudes especulativas.

Buffett descreve *O Investidor Inteligente* utilizando as seguintes palavras: *"De longe, o melhor livro sobre investimentos já escrito"*. Muitos acreditam que tal livro aborda alguns conceitos que já não fazem mais tanto sentido hoje. É verdade. Porém, na minha opinião, ainda há muita riqueza no livro que justifica a leitura, sendo perfeitamente possível extrair bons aprendizados.

Acredito que seus maiores ensinamentos, que permanecem sólidos até os dias de hoje, são a diferença entre investimento e especulação, e a margem de segurança como conceito central dos investimentos, além de ideias a respeito do comportamento do investidor diante das flutuações do mercado.

Até onde se tem conhecimento, Graham reportou retornos médios de 20% ao ano. Embora tenha alcançado tais resultados por meio de ações comuns, podendo ser consideradas como apostas, ele tinha um método que proporcionava baixo risco e alto retorno. Por esta razão, Graham é um verdadeiro pioneiro da análise de investimentos.

Devemos muito a Graham no que diz respeito aos investimentos como os conhecemos hoje. Seu legado para este âmbito do mercado financeiro é impossível de mensurar.

Warren Buffett proferiu uma palestra na Universidade de Columbia, em 1984, em comemoração aos 50 anos do livro *Security Analysis*. Posteriormente, essa palestra foi convertida num artigo intitulado "Superinvestidores de Graham-e-Doddsville", contido no apêndice das edições mais recentes de *O Investidor Inteligente*. Reproduzo aqui trecho da conclusão desse artigo:

> *"Um grande aumento nos convertidos à abordagem de valor necessariamente causaria uma diminuição nas diferen-*

ças entre preço e valor. Posso apenas dizer que o segredo já foi revelado há cinquenta anos, desde que Ben Graham e Dave Dodd escreveram Security Analysis. *No entanto, não vi tendência de aumento no investimento em valor nos 35 anos que o pratico. Parece haver alguma característica humana perversa que gosta de dificultar as coisas. No mundo acadêmico, em última análise, houve efetivamente um retrocesso no ensino do investimento em valor ao longo dos últimos trinta anos. É provável que continue dessa forma. Navios navegarão ao redor do mundo, mas a Sociedade da Terra Plana continuará a florescer. Continuará a haver discrepâncias amplas entre o preço e o valor no mercado, e aqueles que lerem Graham & Dodd continuarão a prosperar."*

De fato, até mesmo nos dias de hoje, acredito que Buffett estava certo quando proferiu estas palavras.

Graham faleceu em setembro de 1976, na França.

O SENHOR MERCADO

Suno Call 338 – 18/06/2019

Lendo sobre o mercado financeiro, você provavelmente já se deparou com o Senhor Mercado ou, como referido com maior frequência, o *Mister Market*. Muitas pessoas têm dificuldade em compreender o funcionamento do mercado de ações e os motivos de a precificação dos ativos nem sempre estar correta.

Graças às modernas teorias financeiras (Teoria do Mercado Eficiente e Teoria Moderna do Portfólio), somos ensinados que o mercado precifica os ativos corretamente, pois todas as informações sobre a companhia estão disponíveis para quem tiver interesse. Infelizmente, essas teorias se baseiam no princípio de que o ser humano é racional e que, deste modo, não age segundo suas emoções quando se trata do mercado de capitais.

No entanto, isso não é verdade. Grande parte dos agentes de mercado age com interesses distintos e muitos deles o fazem sob pressão extrema, o que elimina a racionalidade de sua tomada de decisão. Isso faz com que o mercado nem sempre precifique os ativos de maneira correta, principalmente em momentos de grande euforia ou depressão econômica.

Em março de 1972, quando palestrava na Northeast Missouri State University Business School, Benjamin Graham foi questionado sobre o que impedia a maioria dos investidores de obter sucesso. Em resposta, Graham afirmou que *"a principal causa do fracasso é que eles prestam muita atenção no que o mercado de ações está fazendo atualmente"*. Ao fazê-lo, o investidor passa a seguir o mercado e perde sua grande vantagem, a capacidade de pensar por si mesmo.

Para explicar de maneira simplificada os movimentos do mercado, Benjamin Graham fez uma analogia fantástica, em seu livro *The Intelligent Investor* (*O Investidor Inteligente*), publicado em 1949. Graham criou o termo Senhor Mercado.

Imagine que você tenha uma pequena participação em uma empresa privada que possui outro sócio, o Senhor Mercado. Este indivíduo é um investidor dominado pelas emoções, cujas decisões de investimento são fortemente impactadas por seu humor.

Todos os dias úteis, o Senhor Mercado vai até seu escritório e lhe oferece uma proposta. Nela, está contido um preço pelo qual seu sócio estaria disposto a comprar sua participação ou vender a dele. Na maior parte das vezes, quando o humor do Senhor Mercado está controlado, a oferta é condizente com o real valor da empresa. Entretanto, quando o Senhor Mercado está eufórico ou descrente com o futuro, a proposta apresenta preços bastante distorcidos.

Todos os dias você tem a opção de fazer negócios com o Senhor Mercado, caso julgue a proposta interessante.

Se o Senhor Mercado estiver deprimido, estará disposto a vender a participação dele por um preço bastante atraente, com um desconto significativo para o valor intrínseco da empresa.

Por outro lado, quando o Senhor Mercado está confiante com o futuro, ele propõe preços extremamente elevados e, por consequência, muito acima do valor intrínseco da empresa.

O investidor inteligente utiliza o humor do Senhor Mercado a seu favor. Quando o Senhor Mercado está confiante demais, o investidor inteligente vende sua participação por preços que não seriam possíveis sem tamanha euforia. De forma similar, quando o Senhor Mercado está deprimido, ele oferece sua participação por um preço extremamente descontado, o que leva o investidor inteligente a adquirir a participação.

Este ponto parece óbvio, entretanto, muitas vezes o ser humano não consegue ter o controle emocional necessário para agir contra o Senhor Mercado. Como disse Benjamin Graham, a maioria dos investidores fracassa por seguir o mercado.

Em momentos de alta, quando o Senhor Mercado está eufórico e pagando mais do que as empresas valem, os investidores tendem a seguir os seus conselhos e comprar participação em empresas por um preço excessivo.

Por outro lado, quando o Senhor Mercado está deprimido, os investidores ficam temerosos em perder seu dinheiro e acabam vendendo sua participação a preços extremamente descontados. Essa atitude baseada em emoções acaba levando o investidor comum a performar muito aquém dos objetivos planejados.

Segundo um levantamento realizado pelo J.P. Morgan, o investidor médio obteve uma rentabilidade de 1,9% ao ano nas duas primeiras décadas do século 21, enquanto o S&P 500 entregou o triplo desta rentabilidade no mesmo período.

Temos de agir de maneira racional para não cair na tentação de seguir o Senhor Mercado. Assim, o investidor inteligente consegue superar em muito a rentabilidade que o mercado traz, através da escolha racional dos ativos que possuem boas perspectivas futuras e estão sendo negociados a preços interessantes, com grande desconto para o valor intrínseco.

ATÉ OS MELHORES COMETEM ERROS

Suno Call 358 – 18/07/2019

"Podemos adquirir sabedoria por três métodos: primeiro, por reflexão, o mais nobre; segundo, por imitação, o mais fácil; terceiro, por experiência, o mais amargo." – Confúcio

Quando me perguntam qual é o investidor cujo legado perdurará por séculos, só me vem um nome à cabeça: Benjamin Graham. No próximo século, acredito que ninguém se lembrará da guerra que Bill Ackman travou com a Herbalife, ou da aposta de John Paulson contra o mercado imobiliário durante a bolha dos anos 2000, mas o nome de Graham ainda permanecerá na cabeça das pessoas.

Grandes investidores surgem e desaparecem, mas o "Reitor de Wall Street", como era conhecido Ben Graham, permanecerá na memória dos investidores por muito tempo, pois seus ensinamentos são atemporais.

Seu livro *Security Analysis*, publicado em 1934, é referência no universo dos investimentos até os dias atuais e suas lições continuarão sendo aplicadas por tempo indeterminado pelos investidores mais astutos.

Criador da filosofia de investimento em valor (do inglês, *Value Investing*), Graham tinha uma didática impecável, conseguindo explicar para qualquer um, que possuísse o genuíno interesse em aprender, como é possível realizar bons investimentos no mercado de capitais.

Entretanto, como todo bom investidor, Benjamin Graham cometeu erros ao longo de sua carreira. Refletindo acerca deste tema, deparei-me com um livro interessante, escrito por Michael Batnick, intitulado *Big Mistakes: The Best Investors and Their Worst Investments* ("Grandes Erros: os Melhores Investidores e seus Piores Investimentos" – ainda não publicado em português).

No primeiro capítulo do livro, Batnick traz a curiosa história de Graham, que iniciou sua carreira no mercado financeiro em 1914, pouco antes do período em que a Bolsa de Nova York ficou fechada por quatro meses. Este foi o intervalo mais longo de fechamento dessa Bolsa na história, em função dos acontecimentos da Primeira Guerra Mundial.

Graham começou por baixo, fazendo entregas de documentos ligados ao mercado de capitais. Devido ao seu intelecto privilegiado, rapidamente aprendeu muito sobre o mercado financeiro e avançou em sua carreira.

Pouco menos de dez anos após iniciar sua carreira em Wall Street, Graham abriu sua primeira sociedade de investimentos, em 1923: a Graham Corporation. Nessa sociedade, Graham utilizava técnicas de arbitragem para obter retornos acima da média do mercado.

A operação durou dois anos e, em 1926, Ben abriu a Benjamin

Graham Joint Account. No mesmo ano, obteve ganhos de 32%, enquanto o Dow Jones Industrial Average retornou apenas 0,34%.

Com seus retornos astronômicos, o capital, que inicialmente estava no patamar de US$ 450 mil, após três anos já subira mais de 500%, atingindo a marca de US$ 2,5 milhões.

Entretanto, os bons resultados estavam com os dias contados. O ano era 1929 e a performance do mercado foi desastrosa. Com a quebra da Bolsa, Graham terminou o ano com retornos negativos de 20%.

Em 1930, acreditando que a queda estava chegando ao seu final, Graham utilizou a ferramenta de alavancagem para buscar retornos excelentes, mas não os alcançou: esse foi o pior ano para o criador do investimento em valor, que teve uma perda de 50% de seu patrimônio.

Nos quatro anos que ficaram conhecidos como a pior crise do mercado financeiro norte-americano, Ben Graham perdeu 70% de seu patrimônio, mas deixou uma grande lição para todos os investidores.

Mesmo os investidores mais inteligentes e capazes apresentarão resultados ruins em alguns momentos. Entretanto, no longo prazo, a manutenção da racionalidade na tomada de decisões impulsionará seus retornos no sentido de seus objetivos financeiros.

Sempre que tomar uma decisão errada, lembre-se da história de Graham e aprenda com seus erros. Uma decisão não determinará seu sucesso financeiro e a consistência no longo prazo é o fator mais importante para que seus objetivos sejam alcançados. Todos os investidores cometem erros. O importante é que, na maioria das vezes, suas decisões estejam corretas.

INVESTIMENTO EM VALOR SEGUNDO GRAHAM E DODD

Suno Call 368 – 01/08/2019

Benjamin Graham é conhecido como o pai do investimento em valor (do inglês, *Value Investing*), sendo responsável, juntamente com David Dodd, pela publicação do livro *Security Analysis*, em 1934. Esse livro apresenta os fundamentos do que hoje conhecemos como a base dessa filosofia de investimentos.

De fato, determinadas nuances do investimento em valor foram adaptadas por alguns de seus discípulos ao longo do tempo, como Warren Buffett.

Por exemplo, para melhorar a performance da filosofia de Graham, Buffett passou a estudar mais aprofundadamente os demonstrativos financeiros das empresas que Graham escolhera, buscando enxergar as diferenças entre aquelas barganhas que decretavam falência e aquelas empresas que realmente prosperavam.

Com suas constatações, Buffett passou a distinguir entre as companhias que possuíam e as que não possuíam vantagens competitivas duradouras, enquanto Graham dava mais atenção aos preços extremamente descontados, apenas imaginando se a companhia teria força para superar o que a fizera cair.

Apesar das adaptações, o núcleo da filosofia ainda se mantém, baseado em três características do mercado:

> Primeira: os preços dos ativos financeiros estão sujeitos a movimentações significativas e incertas.

Graham é o criador do Senhor Mercado, famosa personificação das forças que determinam o preço dos ativos financeiros a todo momento, aparecendo todos os dias para comprar ou vender seus ativos. Trata-se de um sujeito estranho, suscetível a todos os tipos de mudanças de humor imprevisíveis, que afetam o preço de negociação.

> Segunda: apesar das oscilações nos preços dos ativos financeiros, eles possuem um valor econômico fundamentado e relativamente estável, que pode ser calculado com razoável precisão por um investidor diligente e disciplinado.

Ou seja, o valor intrínseco do ativo financeiro e o preço pelo qual é negociado são elementos distintos. Assim, embora o preço e o valor possam ser iguais em determinados momentos, eles costumam divergir.

> Terceira: a estratégia de comprar os ativos financeiros apenas quando seus preços de mercado estão significativamente abaixo do valor intrínseco calculado produzirá retornos superiores no longo prazo.

Graham se referia a essa diferença entre preço e valor como margem de segurança. Segundo o pai do investimento em valor, idealmente, esta diferença deveria ser de cerca da metade do valor intrínseco, não devendo ser menos de um terço dele.

Com base nesse raciocínio, Graham buscava comprar um dólar por cinquenta centavos. O eventual ganho seria adequado e, o mais importante, seguro.

Começando com essas três premissas, o processo central do investimento em valor se torna simples. O investidor estima o valor intrínseco do negócio em questão e o compara com o preço pedido pelo Senhor Mercado. Caso o preço seja menor, por uma margem de segurança suficiente, o investidor compra o ativo.

Podemos pensar nesse procedimento como a receita de Graham e Dodd para o investimento em valor.

Por fim, é importante dizer que cada investidor adepto dessa filosofia tem seu jeito de lidar com os passos envolvidos no processo. Cada um selecionará seus ativos desejados para a avaliação, assumirá premissas diferentes, calculará a margem de segurança que julgar adequada ao investimento e, por último, decidirá quanto capital alocar no ativo.

Essas não são decisões triviais. Buscar negócios cotados abaixo do valor intrínseco é uma coisa. Encontrá-los é outra. Por isso, cada investidor adapta sua estratégia à sua maneira, assim como Buffett o fez, mas sempre levando consigo as raízes propostas por Graham e Dodd.

GRAHAM E DODD: AS TRÊS FUNÇÕES DA ANÁLISE

Suno Call 413 – 03/10/2019

Benjamin Graham e David Dodd são autores do livro *Security Analysis*, considerado por muitos a bíblia do investimento em valor. Numa parte dessa obra, Graham e Dodd dissertam a respeito das três funções da análise.

Acredito que seja interessante compartilhar com todos a visão destes dois mestres do investimento em valor sobre o cerne de uma das principais atividades do mundo dos investimentos: a análise de ativos financeiros.

Análise, num sentido amplo, diz respeito ao estudo cuidadoso de fatos disponíveis para conhecimento geral. Trata-se de uma tentativa de alcançar conclusões baseadas em premissas estabelecidas, aliadas ao raciocínio lógico.

No entanto, quando se aplica a análise ao mercado de ações, um dos obstáculos é o fato de que um investimento, por natureza, não é uma ciência exata.

Isso também acontece no âmbito da Medicina e do Direito, por exemplo. Em ambos, tanto as probabilidades quanto as habilidades individuais – que podem ser consideradas uma arte – são fatores importantes para determinar o sucesso ou o fracasso do processo.

De qualquer forma, nessas profissões, a análise não somente é útil, como indispensável. Para o campo dos investimentos, isso provavelmente também se traduz como uma verdade.

Segundo Graham e Dodd, as funções da análise de ativos financeiros podem ser divididas em três partes principais: descritiva, seletiva e crítica.

Função descritiva

Em sua forma mais óbvia, a análise descritiva consiste em organizar fatos importantes relacionados a um ativo, para, em seguida, apresentá-los de maneira coerente e compreensível.

Um tipo mais aprofundado de descrição busca revelar os pontos fracos e fortes de um ativo, comparando-o com outros similares, avaliando, ao mesmo tempo, os fatores que são mais prováveis de influenciar sua performance futura.

Análises deste tipo são aplicadas a quase todos os ativos financeiros e podem ser consideradas como um complemento necessário, que se baseia em fatos, para aplicar um julgamento.

Função seletiva

Na função seletiva, a análise vai além e expressa julgamentos específicos. Ela busca determinar as circunstâncias nas quais um dado ativo deve ser comprado, vendido, mantido ou trocado por outro. Nesta parte, devem ser compreendidos vários conceitos, principalmente o do valor intrínseco e suas relações com outros fatores.

Neste sentido, Graham e Dodd dão um exemplo de julgamento analítico interessante, que faz parte da função seletiva da análise: em 1922, antes do *boom* do setor de aviação, a Wright Aeronautical Corporation tinha suas ações negociadas na Bolsa de Nova York por US$ 8 cada. Ainda assim, ela pagava cerca de US$ 1 de dividendo por ação, além de reportar lucros de mais de US$ 2 por ação, com certa consistência. E melhor ainda: ela tinha mais de US$ 8 por ação em ativos de caixa. Neste caso, é possível ver claramente que o valor intrínseco da ação era substancialmente acima do preço que o mercado estava pagando.

Por outro lado, em 1928, as ações dessa mesma empresa estavam sendo cotadas a US$ 280. O dividendo era de US$ 2 por ação. Seus lucros eram US$ 8 por ação. O *Net Asset Value* (NAV) era de menos de 50 dólares por ação.

Um estudo desse cenário não demoraria muito para concluir que o preço que o mercado estava colocando neste ativo já considerava um crescimento futuro muito elevado. Portanto, o valor intrínseco era muito menor do que o preço que o mercado havia estabelecido.

É interessante observar que, em casos extremos, é possível saber se um investimento é promissor sem mesmo calcular numericamente o valor intrínseco.

Função crítica

Julgamentos analíticos são atingidos ao aplicar princípios aos fatos. O analista se preocupa, portanto, com a solidez e a praticabilidade dos princípios. Além disso, ele também deve estar interessado em saber se as empresas relacionadas às ações analisadas obedecem às regulações adequadas e às práticas aceitas.

Deste modo, tomando como base a análise crítica, ele também deve se preocupar com as políticas corporativas que afetam os acionistas, pois o valor do ativo analisado pode ser amplamente dependente de atitudes tomadas pela gestão. Nesse sentido, estão incluídas questões de capitalização do negócio, dividendos, políticas de expansão, política de remuneração, dentre outras.

Nesse âmbito de vários fatores, as análises devem ser competentes o suficiente para expressar julgamentos críticos, buscando evitar equívocos, identificar abusos e proteger os que possuem os ativos financeiros analisados.

A PSICOLOGIA NOS INVESTIMENTOS

Suno Call 432 – 30/10/2019

As voltas e reviravoltas do comportamento humano – vulgo psicologia – não têm vez diante da Hipótese do Mercado Eficiente, de Eugene Fama, nem diante da Teoria Moderna do Portfólio, de Markowitz.

De acordo com os defensores destas teorias, a eficiência do mercado acontece porque os investidores, diante do benefício da disponibilidade de informações, ajustam os preços instantânea e racionalmente.

Cabe, então, levantar um ponto importante: desde quando o ser humano é racional quando o assunto é dinheiro?

Poucos aspectos da existência humana são mais guiados por emoções do que a nossa relação com o dinheiro. Arrisco afirmar que nós, seres humanos, tomamos mais decisões sem lógica em questões financeiras do que em quaisquer outras atividades.

Tentar desenvolver o entendimento financeiro sem levar em consideração o fator humano é como navegar com uma bússola, mas sem mapa. Ou seja, você está ignorando metade da fórmula.

O mercado de ações e o fator humano

É particularmente importante incluir o fator humano quando estamos falando sobre o mercado de ações. Quanto mais abstrato é o ambiente – e as ações são demasiadamente abstratas para muitas pessoas –, mais significativa é a influência dos fatores psicológicos.

As decisões no mercado de ações são, em grande parte, explicadas apenas por princípios do comportamento humano. Como o mercado é, por definição, o coletivo das decisões feitas por todos os compradores de ações, não é um exagero dizer que o mercado como um todo é guiado por forças psicológicas.

A Hipótese do Mercado Eficiente foi aceita fortemente durante um longo tempo. Nesse período, qualquer discussão a respeito do mercado que englobasse conceitos de psicologia não era bem recebida. No entanto, ao final do século 20, o estudo das finanças sob a ótica do comportamento humano ganhou mais força. Este misto de economia e psicologia ficou conhecido como finanças comportamentais.

Benjamin Graham

Graham é amplamente conhecido como o pai não apenas do investimento em valor, como também da análise fundamentalista dos investimentos. Foi responsável por ensinar três gerações a navegar no mercado de ações. Além disso, sua abordagem ajudou milhares de pessoas a realizar boas escolhas no mercado.

No entanto, frequentemente os ensinamentos de Graham sobre a psicologia aplicada ao mercado são negligenciados. Em seus livros, *Security Analysis* e *The Intelligent Investor* (*O Investidor Inteligente*), Graham dedicou um espaço considerável para explicar as emoções humanas e sua relação com as flutuações no mercado.

Graham explica que o pior inimigo de um investidor é ele mesmo, não o mercado. O indivíduo pode ter grandes habilidades em matemática, finanças e contabilidade, mas, se não for capaz de dominar suas emoções, estará em condições desfavoráveis para atuar no mercado.

Segundo Ben, "*o verdadeiro investidor é raramente forçado a vender suas ações e, em todas as outras situações, é livre para ignorar a queda na cotação*".

Para endereçar este ponto, Graham criou seu famoso personagem: o Senhor Mercado. Trata-se de uma brilhante lição de "como" e "por que" os preços das ações frequentemente não são oriundos de racionalidade. É um personagem que todo investidor deve conhecer intimamente, para reconhecer suas aparições no cotidiano dos investimentos.

UM POUCO SOBRE BENJAMIN GRAHAM

Suno Call 484 – 20/01/2020

Sem Benjamin Graham, existiria o investimento em valor? Ou melhor, sem ele, existiria um Warren Buffett? De fato, é impossível saber a resposta para essas perguntas.

Apresento, a seguir, alguns *insights* a respeito da vida de Graham, que foi o pioneiro da estratégia do investimento em valor, ou *Value Investing*. Podemos começar falando de alguns marcos importantes em sua vida.

No *crash* de 1929, Graham perdeu a maior parte do dinheiro que tinha ganhado trabalhando em Wall Street. Em 1934, ele publicou o livro *Security Analysis*, escrito em conjunto com David Dodd. Quinze anos depois, escreveu *O Investidor Inteligente*.

Além disso, adicionalmente ao seu trabalho em Wall Street, Graham também lecionou na Universidade Columbia. Lá ele transmitiu seus conhecimentos ao jovem Buffett, bem como a diversos outros jovens investidores, que posteriormente alcançaram bastante sucesso. Algum tempo depois, Buffett ainda foi trabalhar com seu mentor na Graham-Newman Corp.

Antes de escrever *Security Analysis*, Graham observou que muitas companhias tinham um valor de liquidação maior do que o preço de suas ações. Deste modo, começou a comprar ações pelo seu "verdadeiro valor".

Um dos ensinamentos mais importantes de Graham foi a respeito da liberdade do investidor. Graham ilustrou essa ideia ao introduzir o Senhor Mercado, um companheiro que continuamente se ofereceria para comprar ou vender suas ações.

Os preços dependem do seu humor: às vezes estão altos, às vezes baixos. No entanto, você sempre terá o direito de recusar as negociações, sem ser pressionado a comprar ou vender.

Não existe pressão porque o Senhor Mercado sempre estará ao redor com suas ofertas. Isso significa que você pode esperar por uma oferta que combine baixo risco (margem de segurança) com preços potencialmente mais altos no longo prazo. O Senhor Mercado é, portanto, uma introdução à psicologia do mercado, capturada por meio do campo das finanças comportamentais.

Um investidor que não se deixa levar pelas emoções do mercado terá oportunidade de comprar ações de baixo risco, isto é, com alta margem de segurança – um aspecto introduzido por Graham, o qual a descrevia como comprar uma ação por um preço abaixo de seu valor justo. Utilizar o conceito de margem de segurança reduz o risco e pode ajudar a aumentar os lucros. Muitos acreditam que tal conceito continua a ser a base para várias inovações no campo do investimento em valor.

Por fim, cabe ressaltar que é necessário um conhecimento de si próprio como um antídoto às emoções do mercado. Neste sentido, devemos entender, ao menos, se somos investidores ativos ou passivos.

Graham definiu os investidores ativos como sendo aqueles que gastam uma quantidade considerável de tempo e energia para se tornar bons investidores.

Já os passivos são aqueles que não querem comprometer seu tempo e energia com os investimentos. Portanto, devem estar satisfeitos com retornos na média do mercado. Em vários casos, isso envolve o investimento em ETFs, por exemplo.

O PREÇO DA AÇÃO CAIU. COMO SABER SE ESTÁ BARATA?

Suno Call 543 – 15/04/2020

Em um mercado em queda, costumamos relativizar os patamares de preços das ações. Muitos investidores iniciantes levam ao pé da letra a máxima "compre na baixa e venda na alta".

No entanto, o fato de a cotação de uma ação ter caído não significa necessariamente que ela tenha ficado barata. Muitas vezes, as quedas são justificadas por outros fatores graves, que não incluem o pessimismo generalizado.

Então, o que devemos verificar para saber se uma ação é uma barganha que está atravessando um período difícil, mas passageiro, ou se ela possui problemas severos que, no longo prazo, podem levar ao seu colapso?

Uma das principais razões pelas quais o preço de uma companhia é jogado para baixo é o nível de dívida elevado.

Algumas empresas com fluxo de caixa forte podem acabar pegando dinheiro emprestado, na crença de que a continuidade do seu crescimento permitirá que elas arquem com o pagamento dos juros e do principal da dívida. Muitas vezes, em um cenário adverso, isso pode se reverter.

Uma regra de bolso utilizada por Benjamin Graham diz que a companhia deve possuir o dobro do que deve. Essa mentalidade nos ajuda a evitar investimentos em companhias muito endividadas, que podem passar por apertos para sobreviver.

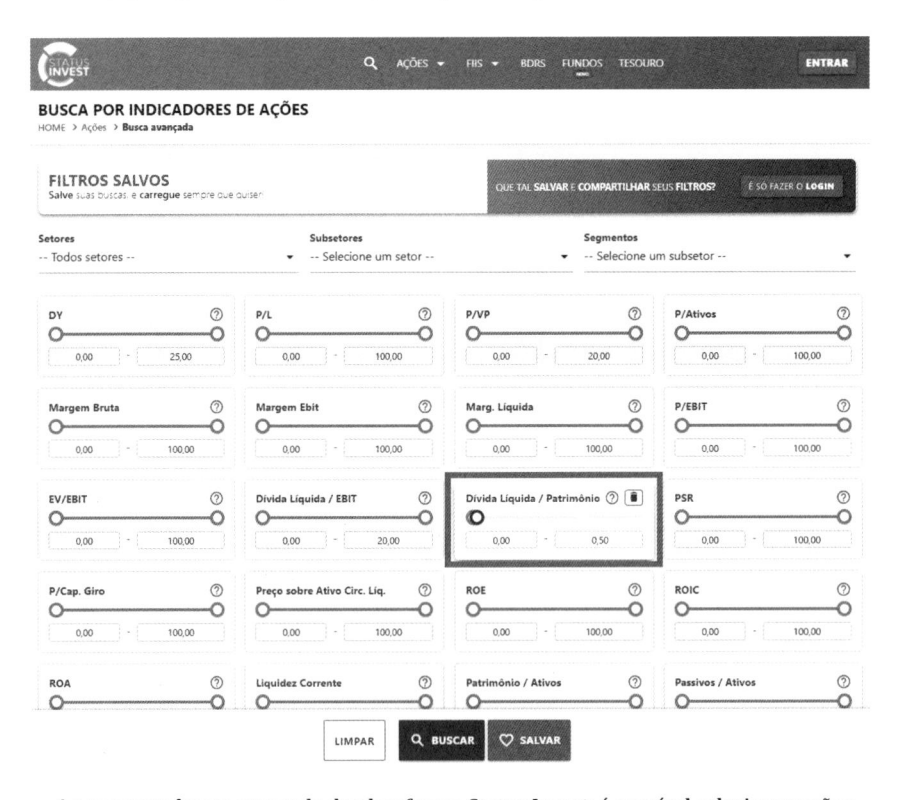

Ao acessar a busca avançada da plataforma Status Invest, é possível selecionar ações de empresas na Bolsa de São Paulo que tenham sua dívida limitada a 50% de seu patrimônio. Para tanto, basta digitar "0,50" como valor máximo no campo "Dívida Líquida / Patrimônio" e posteriormente clicar em "BUSCAR" (fonte: https://statusinvest.com.br/acoes/busca-avancada – *link* acessado em 04/12/2020).

☰ RESULTADO DA BUSCA

🔒 TICKER		🔒 DÍVIDA LÍQUIDA / PATRIMÔNIO	🔒 LIQUIDEZ MÉDIA ▽ DIÁRIA	🔒 PREÇO	🔒 P/L	🔒 DY
VALE	VALE3 →	0,18	2.7B	R$ 78,96	26,95	4,84
	BBDC4 →	0,00	1.4B	R$ 25,58	15,59	3,31
Itaú	ITUB4 →	0,00	1.3B	R$ 29,96	15,80	4,26
	MGLU3 →	-0,17	1.1B	R$ 23,30	445,08	0,14
[B]³	B3SA3 →	-0,31	858.1M	R$ 58,89	32,01	3,27
	BBAS3 →	0,00	656.4M	R$ 35,24	6,31	4,36
	AZUL4 →	0,00	568.8M	R$ 42,28	-4,11	0,00
ambev	ABEV3 →	-0,21	453.2M	R$ 14,70	26,61	3,34
ITAÚSA	ITSA4 →	0,02	429.4M	R$ 11,19	13,75	4,91
WEG	WEGE3 →	-0,15	424.4M	R$ 73,93	73,91	0,59
r	LREN3 →	0,21	410.5M	R$ 46,38	29,34	0,70
B W	BTOW3 →	-0,31	396.6M	R$ 72,44	-231,28	0,00
	GNDI3 →	-0,02	368.7M	R$ 73,83	55,43	0,23
kroton	COGN3 →	0,42	352.1M	R$ 5,26	-5,05	0,00
GG	GGBR4 →	0,39	338.4M	R$ 22,48	27,28	0,67

15 ▾ ‹ **1** 2 3 4 5 ›

Ao clicar no cadeado de "TICKER", é possível mover as demais colunas do resultado da busca. No detalhe da tabela, destacam-se a coluna referente a "DÍVIDA LÍQUIDA / PATRIMÔNIO", conforme o critério descrito na legenda da imagem anterior, bem como a coluna "LIQUIDEZ MÉDIA DIÁRIA", pela qual foram ordenadas as 15 ações remanescentes com os maiores volumes de negociações na B3. Além da coluna "PREÇO", completam a tabela as colunas "P/L" (que, segundo Graham, deve ser uma relação comedida, ou seja, de baixos múltiplos) e "DY" – referente ao potencial de geração de renda passiva para o investidor (fonte: https://statusinvest.com.br/acoes/busca-avancada – *link* acessado em 04/12/2020).

Outra razão pela qual algumas empresas apresentam quedas em seus preços é o fato de não alcançarem os resultados esperados pelo mercado.

Isso acontece porque muitas instituições focam em auferir retornos de curto prazo (trimestre a trimestre), ao invés de utilizar uma mentalidade de longo prazo, que levaria em consideração a qualidade dos retornos da empresa , e não eventos não recorrentes de curto prazo.

Outro motivo inclui as empresas que são cíclicas. Estas ganham popularidade quando o ciclo está se movendo para cima, mas são rejeitadas quando caminha para o lado negativo. Isto não significa que a companhia esteja mudando, mas que a economia dita como seus clientes se comportarão. Produtos como automóveis rotineiramente passam por isso, assim como as indústrias de construção e de aço, por exemplo.

O que os investidores de valor precisam ter em mente é que a economia sempre tende à recuperação.

As companhias que enfrentam o aumento da concorrência também costumam sofrer com as quedas, pois, caso não existam vantagens competitivas sólidas, as suas margens podem estar comprometidas.

O preço também pode ser influenciado pela obsolescência do produto ou serviço vendido pela companhia. Novos produtos e tecnologias surgem diariamente, fazendo com que outros fiquem defasados.

Por fim, o preço das ações também pode cair por conta de fraudes contábeis ou administrativas. É algo raro, mas acontece. Neste caso, os acionistas são severamente prejudicados.

Todos estes fatores, em conjunto, são capazes de demonstrar

que os preços não caem apenas configurando barganhas aos investidores. Eles podem resultar de uma série de outros motivos.

Por isso, é imprescindível que o investidor busque apenas empresas que conhece, colocando seu dinheiro nelas apenas após fazer a lição de casa.

Então, não relativize. Não é porque o mercado inteiro caiu que tudo está barato para ser comprado. Temos que ser seletivos e cautelosos nas escolhas, sobretudo em tempos adversos.

REVISITANDO OS CONSELHOS DE BENJAMIN GRAHAM
Suno Call 583 – 15/06/2020

Benjamin Graham é conhecido como o pai do *Value Investing*. Suas visões sobre o assunto ajudaram a moldar as estratégias de uma geração inteira de investidores reconhecidos, incluindo nomes como Warren Buffett, Irving Kahn e Walter Schloss.

Muitos, no entanto, dizem que a economia, a tecnologia e a própria mentalidade dos seres humanos avançaram consideravelmente desde os tempos de Graham e, por isso, suas estratégias ficaram defasadas.

No meu ponto de vista, alguns pontos que formam a essência dos ensinamentos de Graham são tão relevantes hoje quanto foram antigamente: ter disciplina, utilizar a margem de segurança nos investimentos e as fraquezas dos outros investidores como vantagem.

Disciplina

No fim da década de 2010, os mercados globais tiveram uma grande volatilidade. No Brasil, o Ibovespa chegou a cair cerca de

50% desde a sua máxima histórica para, então, entrar em rota de subida, alcançando altas próximas de 50% desde as mínimas anteriores.

No S&P 500, também vimos algo semelhante: declínio de 34%, chegando às mínimas dos últimos três anos desse período, para em seguida experimentar uma subida de 40%.

Em momentos de alta volatilidade, alguns investidores deixam o medo tomar conta de seus portfólios. Isso faz com que eles deixem de comprar ações, na tentativa de evitar perdas.

Uma estratégia mais eficiente seria focar nos fundamentos das empresas. Durante períodos voláteis, um negócio de qualidade pode ser negociado a *Valuations* bem atraentes. Isso pode ser uma oportunidade para o investidor que tem disciplina para alocar o seu capital visando ao longo prazo.

Como Graham disse certa vez: *"investir não é sobre ganhar dos outros nos jogos deles. É sobre controlar a si mesmo em seu próprio jogo"*.

Margem de segurança

A performance de históricos recentes deixa evidente que é impossível prever os movimentos de curto prazo dos mercados. Deste modo, ainda que as tecnologias tenham apresentado melhorias excelentes ao longo das últimas décadas, o grande número de variáveis que afeta os preços significa que uma margem de segurança é, e sempre foi, algo extremamente importante.

A margem de segurança é capaz de formar um colchão para que os investidores se protejam, caso o negócio atravesse certas turbulências.

Graham sempre utilizava a margem de segurança ao comprar ações ao longo de sua carreira, sem tentar prever as mudanças de curto prazo. Segundo ele: *"a função da margem de segurança é, em essência, a de tornar desnecessária uma estimativa precisa do futuro"*.

Natureza humana

A filosofia do *Value Investing* é extremamente relevante ainda hoje pelo fato de que a natureza humana é uma constante. Investidores sempre tenderam a reagir de maneira exagerada a movimentos positivos e negativos das ações. E essa tendência é bastante provável de continuar no longo prazo.

Investidores em valor podem tomar vantagem dessas reações exageradas de seus pares, utilizando-as como oportunidade para comprar em momentos de pessimismo.

Por exemplo, alguns setores estão com a popularidade em baixa com os investidores no momento, devido às fracas perspectivas econômicas. Ainda assim, nesses segmentos, podemos encontrar oportunidades valiosas que oferecem grandes margens de segurança.

Nesse sentido, Graham disse certa vez: *"embora as condições de alguns negócios possam mudar, as corporações e os ativos financeiros possam mudar, bem como as instituições financeiras e regulações também possam mudar, a natureza humana continua a mesma"*.

UM POUCO SOBRE A ESTRATÉGIA DAS *CIGAR BUTTS*

Suno Call 596 – 02/07/2020

Investir em uma *cigar butt* talvez seja uma das formas mais literais do investimento em valor. De fato, o que se busca é comprar um real por cinquenta centavos. Este era o princípio central da estratégia praticada por Benjamin Graham: procurar negócios que estavam sendo negociados a preços baixíssimos por causa de algum problema estrutural.

Embora alguns negócios estivessem entre a espada e a parede, com vários problemas, Graham considerava que, caso estivessem muito baratos, faria sentido investir neles.

A analogia das *cigar butts* (pontas de charuto ou cigarro) vem justamente da ideia de pegar um cigarro já descartado – algo que parece não ter utilidade – e aproveitar o que ainda resta dele. É um pouco estranho, mas a ideia principal é que o indivíduo está obtendo valor "de graça".

Vamos, então, ao primeiro problema. Essa definição é utilizada para vários cenários. Um deles é aquele em que a empresa negocia a um preço muito abaixo de seu valor patrimonial. Geralmente, a maioria dos negócios nessa situação se encontra em indústrias decadentes.

Um grande problema do investidor que segue essa estratégia é que, nas indústrias decadentes, o horizonte de tempo que resta para utilizar as "sobras do charuto" é cada vez menor.

Por exemplo, temos a indústria de jornais impressos. Você pode encontrar uma empresa negociada com um excelente desconto sobre o valor patrimonial. No entanto, ela pode nunca conseguir se recuperar para que você realize lucros.

É claro que nem todas as *cigar butts* são negócios nos quais já não existem mais esperanças – alguns estão, na verdade, tentando realizar um *turnaround* –, cuja probabilidade de sucesso é baixa. Isso nos leva ao segundo problema: a dificuldade em realizar *turnarounds*.

Geralmente, não é possível melhorar uma empresa que está nesta situação se ela apenas passar a executar melhor as suas funções principais. É preciso que ocorra uma reorganização de toda a sua estratégia. Muitas vezes, para que isso aconteça, é necessário que a empresa se direcione para mercados completamente diferentes.

Se essa já é uma tarefa extremamente desafiadora e complexa para os gestores, imagine para o investidor que está de fora e tem que prever o sucesso dos esforços do time que administra a empresa.

Chegamos ao terceiro problema. Alguns investidores costumam fazer filtros por setor para, em seguida, escolher a empresa que apresenta a melhor oportunidade de investimento dentro dele. Via de regra, isso é feito quando o setor é considerado interessante.

No entanto, as *cigar butts* não apresentam uma correlação significativa com a indústria em que estão inseridas, a não ser que tal indústria esteja em declínio, conforme já comentamos.

Assumindo que o setor esteja saudável, é um tanto raro que uma onda crescente leve o negócio para cima. Na verdade, o crescimento do setor pode prejudicar a *cigar butt,* uma vez que suas concorrentes consolidam o controle do segmento.

Portanto, é preciso muito cuidado ao tirar conclusões sobre uma empresa nesta situação com base na performance dos seus pares.

II – DÉCIO BAZIN (1931-2003)

Apesar de existir um mito de que uma estratégia focada em dividendos não é boa para construção de patrimônio no longo prazo, e que seria interessante apenas para quem já tem muito dinheiro ou recursos acumulados, isso não faz sentido, pois o próprio reinvestimento de dividendos permite um efeito poderoso dos juros compostos no longo prazo, ideal para quem está construindo patrimônio.

VALE A PENA INVESTIR UTILIZANDO APENAS O MÉTODO BAZIN?

Suno Call 245 – 31/01/2019

É muito comum os investidores procurarem uma fórmula ou um método ideal para investir na Bolsa, na tentativa de encontrarem uma estratégia quase perfeita, que entregue uma rentabilidade alta e seja simples de ser colocada em prática.

Entre essas fórmulas, estratégias e métodos de investimentos na Bolsa para o longo prazo, uma das que mais faz sucesso e gera interesse é o chamado "método Bazin", que consiste basicamente em adquirir ações de empresas com *Dividend Yield* igual ou superior a 6%, e com um endividamento saudável.

Por se tratar de um método simples, prático e que geralmente demonstra ser eficiente, muitos nos questionam, nas redes sociais ou através de *e-mail,* se utilizar apenas o método Bazin como uma forma de simplificar o processo de escolha de ações é interessante e se vale a pena para o investidor de longo prazo.

Afinal, vale a pena investir usando apenas esse método?

É um fato que a estratégia de Bazin é interessante e não temos dúvidas de que o investidor que a utilizar terá grandes chances de obter retornos positivos e acima da média no longo prazo, com consistência.

Até aqui, se avaliarmos o histórico de simulações utilizando o método Bazin, vemos um resultado bastante positivo. De acordo com *backtests* realizados, o método Bazin foi capaz de entregar uma performance simplesmente muito maior que a do Ibovespa.

Porém, utilizar apenas essa estratégia, em nossa avaliação, pode não ser a melhor opção.

Isso porque existem várias boas empresas que oferecem um *Dividend Yield* inferior aos 6% exigidos por Bazin, e também com algumas métricas de endividamento acima do que Bazin considerava saudável, que podem ser grandes oportunidades.

Por exemplo, se considerarmos hipoteticamente uma empresa inserida em um setor subpenetrado, com grandes vantagens competitivas, que está apresentando um *Valuation* barato e que está investindo de forma mais acentuada para acelerar sua expansão e seu crescimento de resultados (e os resultados dessa empresa têm sido bastante positivos e crescentes), é natural que esta empresa apresente um *Yield* reduzido, já que tende a possuir um *Payout* baixo.

Além disso, essa companhia pode estar pontualmente com uma alavancagem acima da média, para financiar seu crescimento, o que pode ser totalmente saudável, a depender do custo dessa dívida e da eficiência de alocação desse capital.

Sendo assim, o investidor que utiliza apenas o método Bazin pode acabar perdendo grandes oportunidades como essa, que, apesar de não preencherem as exigências desse autor, podem oferecer ao investidor ganhos potenciais bem acima da média.

Dois exemplos de ótimas empresas, que apresentaram uma forte rentabilidade no ano de 2018, e que estariam excluídas pelo filtro de Décio Bazin, são Banco Inter (BIDI4) e SulAmerica (SULA11).

Além dessas, existem várias outras ótimas empresas que certamente mereceriam um espaço na carteira de qualquer investidor, mas que, pelo método Bazin, acabariam excluídas – o que certamente seria um equívoco.

Portanto, por conta desses e de outros pontos, nossa sugestão é: utilize o método Bazin como parte de sua estratégia, mas não se baseie apenas nele e nem o utilize exclusivamente.

Existem inúmeras variáveis a serem analisadas, além de diversos fatores adicionais aos citados por Bazin, que são bastante importantes e enriquecem uma análise. Há também muitas empresas que certamente não passariam nos critérios dele, que ainda assim são ótimas oportunidades de investimento no longo prazo e não devem ser descartadas pelo investidor apenas por um *Yield* baixo ou um endividamento relativamente alto.

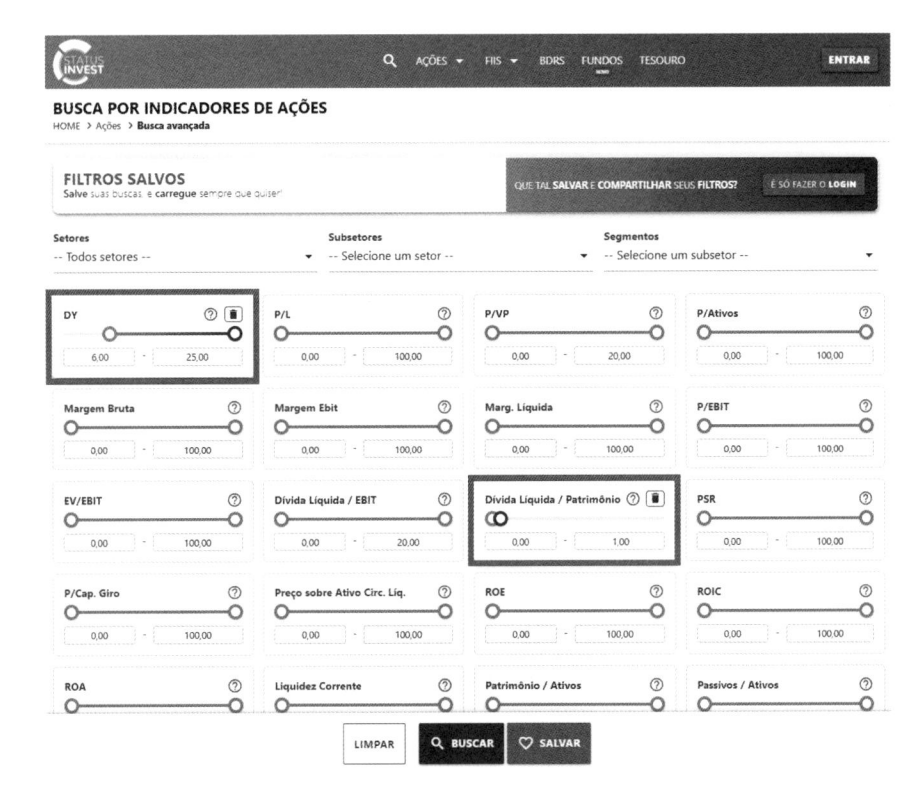

Na busca avançada da plataforma Status Invest é possível selecionar ações de empresas pelo método de Décio Bazin, marcando o valor mínimo "6,00" no campo "DY" (*Dividend Yield*) e o valor máximo "1,00" no campo "Dívida Líquida / Patrimônio" – clicando posteriormente no botão "BUSCAR", logo abaixo dos campos disponíveis (fonte: https://statusinvest.com.br/acoes/busca-avancada – *link* acessado em 04/12/2020).

≡ RESULTADO DA BUSCA

🔒 TICKER			DY	DÍVIDA LÍQUIDA / PATRIMÔNIO	LIQUIDEZ MÉDIA ▽ DIÁRIA	PREÇO	P/L
	BBSE3	→	9,69	0,00	161.9M	R$ 28,74	14,02
	SANB11	→	6,79	0,00	143.2M	R$ 41,31	10,21
taesa	TAEE11	→	9,74	0,84	123.4M	R$ 33,20	7,10
	VIVT4	→	7,43	0,06	111.2M	R$ 45,34	16,13
COPASA	CSMG3	→	17,87	0,31	59.1M	R$ 15,60	7,39
CESP	CESP6	→	6,53	0,13	54.4M	R$ 28,35	6,33
	VIVT3	→	7,50	0,06	49.3M	R$ 44,00	15,66
Senior	SMLS3	→	7,20	-0,39	38.6M	R$ 21,38	9,29
Enauta	ENAT3	→	10,98	-0,52	21.4M	R$ 10,41	7,99
	DIRR3	→	6,07	0,05	17.4M	R$ 13,34	20,32
WIZ	WIZS3	→	7,42	-0,68	8.9M	R$ 9,01	6,75
	ROMI3	→	13,50	0,32	8.0M	R$ 12,22	8,36
	SANB4	→	6,53	0,00	4.6M	R$ 22,51	11,13
	FESA4	→	6,25	0,16	4.2M	R$ 19,23	54,35
	WSON33	→	6,29	0,85	3.3M	R$ 47,00	35,65

15 ▼ ‹ **1** 2 3 ›

A tabela de resultados da busca por ações, conforme a legenda da imagem anterior, apresenta as 15 primeiras ações ordenadas pelo critério de maior liquidez média diária – uma forma de aumentar a margem de segurança para investidores de perfil mais defensivo (fonte: https://statusinvest.com.br/acoes/busca-avancada – *link* acessado em 04/12/2020).

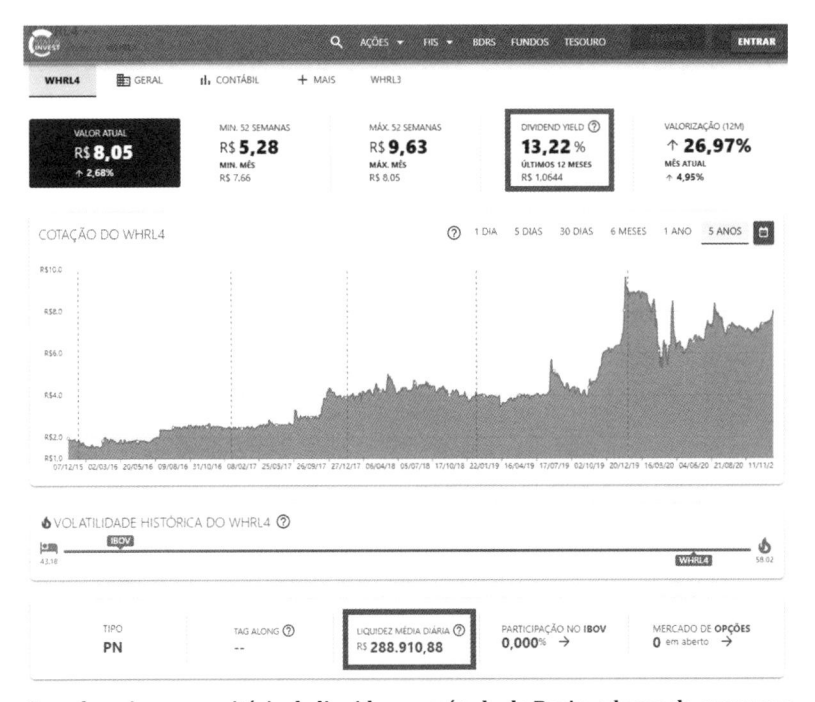

Quando se ignora o critério da liquidez no método de Bazin, o leque de empresas com *Dividend Yield* alto e dívida controlada aumenta. Vide o exemplo da Whirlpool Corporation no Brasil (WHRL4): embora seu DY seja superior a 13%, a liquidez média diária de suas ações é inferior a R$ 300 mil (fonte: https://statusinvest.com.br/acoes/whrl4 – *link* acessado em 04/12/2020).

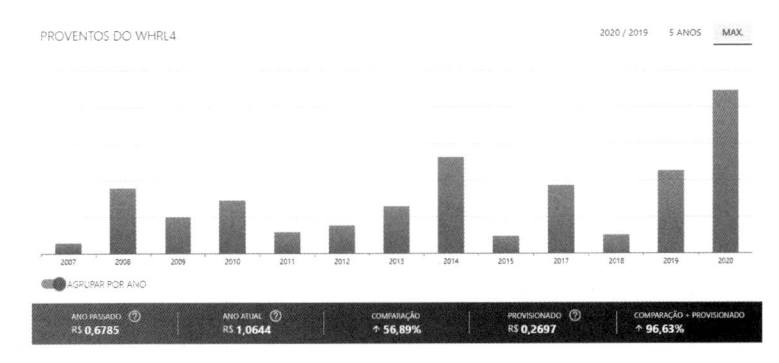

Décio Bazin recomenda que as empresas paguem dividendos recorrentemente, de preferência em linha progressiva sobre os pagamentos efetuados nos anos anteriores. O Status Invest também apresenta o histórico de pagamento de proventos das ações. Neste caso, temos o histórico da Whirlpool Corporation no Brasil (WHRL4), entre 2007 e 2020 (fonte: https://statusinvest.com.br/acoes/whrl4 – *link* acessado em 04/12/2020).

Porto Alegre, terça-feira, 17 de novembro de 2020.

Jornal do Comércio | **87** ANOS

O Jornal de economia e negócios do RS

ECONOMIA   COMENTAR | CORRIGIR | *Compartilhar* 🟢 ⓕ ✉ 🐦 in 🖨

MERCADO DE CAPITAIS Notícia da edição impressa de 13/07/2016. Alterada em 12/07 às 21h40min.

Whirlpool engrossa a fila de saída da BM&FBovespa

Neste ano, 18 operações solicitaram a retirada da bolsa paulista

Neste ano, 18 operações solicitaram a retirada da bolsa paulista
MIGUEL SCHINCARIOL/AFP/JC

Com a economia retraída e sem clareza no horizonte político, o número de empresas listadas que anunciaram a intenção de sair da BMF&FBovespa continua a crescer. Ontem, foi a vez do grupo de eletrodomésticos Whirlpool - dono das marcas Brastemp e Consul - informar sobre uma oferta para adquirir a totalidade das ações em circulação de sua subsidiária brasileira, que tem baixa liquidez.

O investidor e jornalista Décio Bazin orientava, em seu livro *Faça Fortuna com Ações*, que os investidores acompanhassem o noticiário sobre as empresas de seu interesse e que, em caso de qualquer notícia com fortes indícios de teores negativos, se afastasse das ações correlatas. A Whirlpool Corporation no Brasil (WHRL4), por exemplo, manifestou a intenção de realizar uma OPA (Oferta Pública de Aquisição) das ações em circulação, com o objetivo de fechar o capital da companhia na Bolsa de São Paulo, conforme reportagem do *Jornal do Comércio* publicada em 13/07/2016 (fonte: https://www.jornaldocomercio. com/_conteudo/2016/07/economia/509811-whirlpool-engrossa-a-fila-de-saida-da-bm-fbovespa.html – *link* acessado em 04/12/2020).

CARTEIRA FOCADA EM DIVIDENDOS É BOA PARA QUEM ESTÁ CONSTRUINDO PATRIMÔNIO?

Suno Call 252 – 11/02/2019

Vejo com bastante frequência investidores se perguntando se devem investir em empresas de dividendos e FIIs desde já, ou se deveriam focar apenas em empresas *Small Caps* e outros ativos que possuem grandes chances de subir muito e multiplicar o patrimônio em curto espaço de tempo.

Não tenho a menor dúvida de que vale muito a pena, sim, investir em ativos geradores de renda passiva. É o que considero ideal, sobretudo para aqueles que estão se iniciando na Bolsa.

Apesar de existir um mito de que uma estratégia focada em dividendos não é boa para construção de patrimônio no longo prazo, e que seria interessante apenas para quem já tem muito dinheiro ou recursos acumulados, isso não faz sentido, pois o próprio reinvestimento de dividendos permite um efeito poderoso dos juros compostos no longo prazo, ideal para quem está construindo patrimônio.

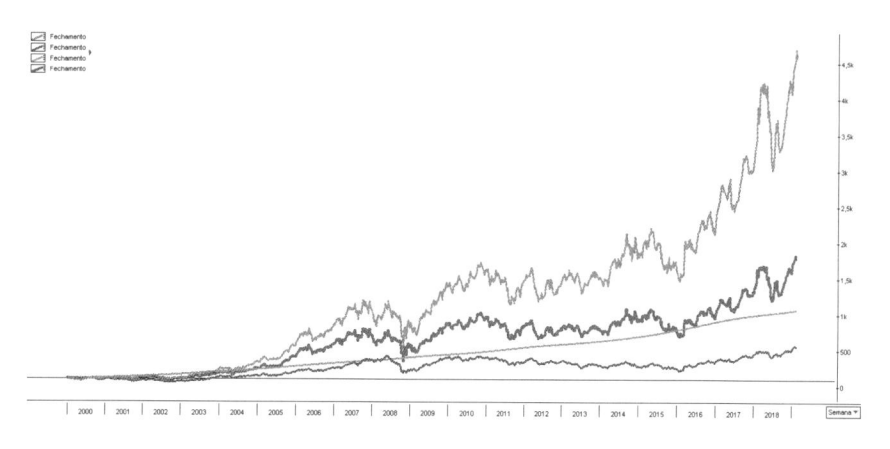

De cima para baixo: a linha superior representa o desempenho das ações da Itaúsa após o reinvestimento dos proventos, entre 2000 e 2018; a segunda linha representa o desempenho das ações da Itaúsa sem os reinvestimentos dos proventos; a terceira linha representa o desempenho do CDI e a quarta linha, o desempenho do Ibovespa, no mesmo período (fonte: Suno Research / Economatica).

Se compararmos um gráfico ajustado de vários ativos pelos dividendos, com os mesmos ativos sem o reinvestimento de dividendos, a diferença de resultado é absurda.

O gráfico acima, por exemplo, mostra a diferença da performance do investidor de Itaúsa (ITSA4) que reinvestiu os dividendos e o que não reinvestiu ao longo do tempo. A diferença é gigante.

De fato, reinvestir os dividendos é excelente para construção de patrimônio, além, obviamente, de já proporcionar uma boa segurança ao investidor, com uma renda desde já.

Além disso, existem muitas empresas que crescem mesmo pagando bons dividendos; inclusive, que atuam em setores subpenetrados, com um ROE elevado, e conseguem crescer mesmo sem realizar grandes investimentos.

Não tenho dúvidas de que uma carteira focada em dividendos e renda passiva, desde o início, é uma carteira vencedora no longo prazo e que pode entregar retornos ainda bem superiores em relação aos outros perfis de carteira, com muito mais segurança e menos volatilidade.

Quer um exemplo legítimo disso? A estratégia de Décio Bazin, focada em empresas com *Yields* superiores a 6% e com um endividamento controlado.

Backtests que já realizamos da estratégia mostraram que uma carteira seguindo o método Bazin, do ano 2000 a 2016, entregou um retorno extremamente superior ao desempenho do Ibovespa, como pode ser percebido no gráfico da próxima página.

Isso quer dizer que empresas de valor e *Small Caps* devem ser descartadas? Não.

Sempre há espaço para todos os perfis de empresas na carteira do investidor, e é interessante que ele inclua também empresas em crescimento, aquelas que ainda pagam poucos dividendos, mas estão investindo no próprio *business* com mais intensidade.

Uma carteira ideal, em minha visão, deve possuir especialmente esses quatro perfis de investimentos:

1) Ações de boas pagadoras de dividendos;
2) Fundos imobiliários;

3) Ações de empresas em crescimento;

4) Ações de empresas estrangeiras.

Essa combinação de ativos tende a maximizar a rentabilidade obtida pelo investidor no longo prazo, com menor volatilidade e boa geração de renda passiva.

Além disso, as empresas que possuem *Yields* e *Payouts* menores hoje tendem a entregar dividendos maiores no futuro e se tornarão, provavelmente, ótimas pagadoras de proventos no longo prazo, adequando-se também na carteira de quem busca renda.

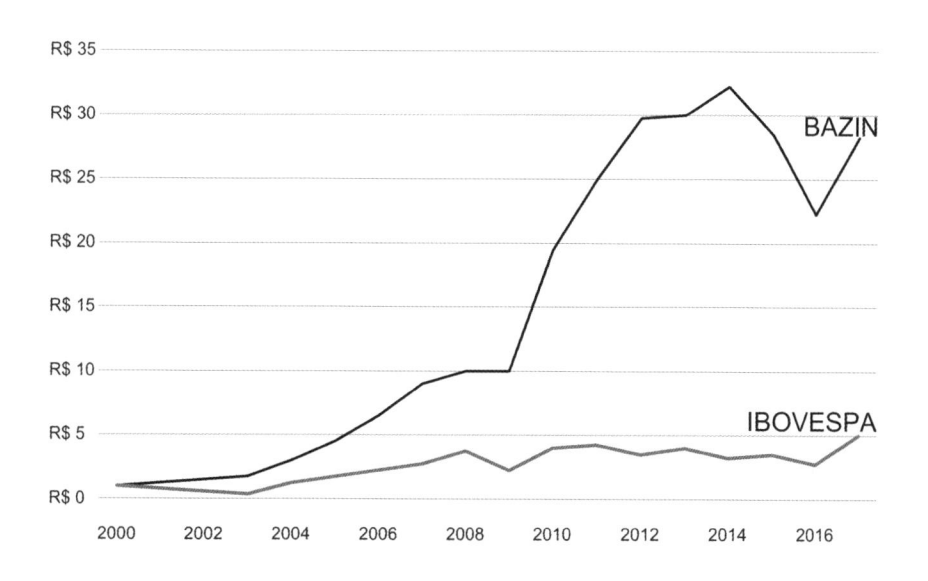

Desempenho de uma carteira hipotética que segue o método Bazin (linha superior) comparado com o desempenho do Ibovespa – índice das principais ações da Bolsa de São Paulo – entre 2000 e 2016 (fonte: Suno Research / Economatica).

III – PETER LYNCH (1944)

O ser humano tem dificuldades de visualizar os benefícios do longo prazo, uma vez que vivemos o agora. É neste mesmo momento que queremos os benefícios. Ninguém quer plantar, mas todos querem colher. A impaciência é uma grande inimiga dos investidores.

TRÊS DICAS PARA VOCÊ INVESTIR COMO PETER LYNCH

Suno Call 244 – 30/01/2019

Quem investe em Bolsa e é adepto do *Value Investing*, com estratégias de investimento na renda variável de longo prazo, muito provavelmente já ouviu falar de Peter Lynch, um dos maiores gestores de todos os tempos.

Quando Lynch assumiu a gestão do Fidelity, seu primeiro trabalho como gestor de portfólios, o fundo possuía um patrimônio de apenas US$ 20 milhões. Sob seu comando, o Fidelity veio a se tornar o maior fundo mútuo do planeta, superando os principais índices norte-americanos em cerca de 13,4% ao ano, em termos de rentabilidade.

Fato é que o retorno anual de Lynch à frente do Fidelity Magellan, de 1977 a 1990, atingiu incríveis 29% ao ano, um resultado capaz de transformar R$ 10 mil em mais de R$ 270 mil nesse período – um desempenho invejável.

No entanto, ao contrário do que se pensa, Peter Lynch sempre foi um investidor prático e seus excelentes resultados foram obtidos basicamente utilizando princípios básicos, os quais ele nunca deixou de compartilhar com qualquer um e nunca foram segredo. Boa parte deles pode ser vista em seus livros, publicados em parceria com John Rothchild.

Lynch acredita que investidores individuais possuem vantagens inerentes sobre grandes instituições financeiras e grandes fundos, tendo em vista que essas instituições geralmente não têm interesse ou nem podem investir em empresas pequenas, com liquidez baixa e que muitas vezes permanecem esquecidas pelo mercado.

Dessa forma, o investidor individual consegue adquirir ativos bastante descontados e que representam verdadeiras barganhas, gerando assim retornos muito expressivos no longo prazo.

Peter Lynch simplesmente tem convicção de que qualquer um, utilizando estratégias simples e métodos práticos, pode se tornar um *expert* no mercado e superar grandes fundos de investimentos e os próprios índices no mercado.

A seguir, apresento três dicas de Lynch que podem lhe ajudar a investir como ele e evidenciam que, para investir bem, não são necessárias muitas planilhas, calculadoras científicas ou outras ferramentas mais complexas. Investir bem geralmente é mais simples do que qualquer um imagina e Lynch é uma prova disso.

1) Apenas invista no que você entende e conhece

De acordo com Lynch, as maiores ferramentas de pesquisa de ações de um investidor são seus olhos, ouvidos e o bom senso.

Lynch sempre se orgulhou do fato de que várias de suas grandes "sacadas" no mercado, ou seja, ações que representavam ótimas oportunidades, foram descobertas enquanto ele caminhava pelo supermercado ou conversava com amigos, por exemplo, muitas vezes analisando um negócio de forma bastante simplista e até superficial.

Qualquer pessoa tem a capacidade de fazer uma análise em primeira mão quando assiste à TV, lê jornal ou ouve rádio, dessa forma descobrindo uma possível boa oportunidade.

Além disso, é importante também que o investidor entenda o negócio em que ele está interessado em investir, de maneira que possa conhecer sua dinâmica e se sentir mais confortável e convicto de sua decisão. Visitar a empresa, suas lojas e suas fábricas, por exemplo, pode ser um bom início para entender bem desse negócio.

2) Evite empresas extravagantes e compre empresas parcimoniosas

Para Lynch, empresas excelentes são parcimoniosas, ou seja, econômicas. Essas empresas buscam maximizar os retornos dos acionistas executando operações de maneira eficiente e prezando pelo capital dos sócios, optando, em geral, pela simplicidade.

Empresas que compram torres glamourosas de arranha-céus com cachoeiras internas e assentos banhados a ouro, concedem a executivos salários absurdamente altos (sem esses salários estarem vinculados ao desempenho), além de prover jatos corporativos, campanhas publicitárias massivas que visam apenas melhorar a imagem corporativa e outros excessos, são empresas que Lynch sempre evitou.

Essas companhias muitas vezes apresentam margens menores e são reconhecidas por queimar muito caixa, destruindo valor ao longo do tempo e tendendo a oferecer menores métricas de rentabilidade que as empresas menos exorbitantes.

Empresas boas para os acionistas normalmente são empresas econômicas, eficientes, que tentam sempre otimizar sua estrutura e realizar apenas alocações de capital inteligentes, que tendem a trazer retornos incrementais para os sócios no longo prazo.

3) Priorize empresas com boas posições de caixa e endividamento controlado

Empresas que possuem uma sólida posição de caixa e um endividamento saudável geralmente demonstram saúde em seus balanços e indicam que seus gestores estão realmente preocupados com o capital dos acionistas.

Além disso, empresas com um balanço sólido, que geram bastante caixa e possuem uma saudável estrutura de capital garantem muito mais segurança aos acionistas e estão sempre protegidas em ambientes de mercado mais adversos, ao passo que empresas mais ambiciosas e pouco prudentes geralmente enfrentam grandes dificuldades.

Um exemplo legítimo de empresa assim, no Brasil, é a EZTec, companhia do setor de construção civil que sempre operou com caixa líquido, prezando por uma estrutura de capital saudável, o que a fez passar tranquilamente por uma das maiores crises do setor imobiliário no país, em meados da década de 2010, enquanto muitas outras companhias do setor foram à falência ou enfrentaram severas dificuldades.

Os indicadores de endividamento da construtora EZTec (EZTC3), em destaque na imagem, mostram números negativos para a dívida líquida em relação ao patrimônio líquido, bem como em relação ao EBITDA e EBIT – isto significa que a empresa dispõe de mais caixa do que dívida e revela a saúde financeira da companhia (fonte: https://statusinvest.com.br/acoes/eztc3 – *link* acessado em 17/11/2020).

SEIS CLASSES DE AÇÕES SEGUNDO PETER LYNCH

Suno Call 291 – 10/04/2019

Nascido em Newton (EUA), em 1944, Peter Lynch foi um dos

maiores gestores de fundos de investimento da história. Com sua admirável performance no comando do Fidelity Magellan Fund, Lynch retornou 29% ao ano aos cotistas durante o período de 1977 a 1990. Isso significa que, se você tivesse investido R$ 10 mil em 1977, ao final de 1990 teria aproximadamente R$ 270 mil.

Tal façanha tornou-o mundialmente conhecido e ele decidiu escrever alguns livros para divulgar uma pequena parcela de seu vasto conhecimento: *One Up on Wall Street*, em 1989, *Beating the Street*, em 1993, e *Learn to Earn*, em 1995.

Apenas o primeiro desses livros, escrito em parceria com John Rothchild foi publicado em português, até a data da publicação deste livro, com o título *O jeito Peter Lynch de investir*. Nele, os autores preparam o investidor, apresentando os fundamentos dos investimentos em ações. Assim, ensinam a escolher ações vencedoras e mostram como a visão de longo prazo é fundamental para o sucesso no mundo dos investimentos.

Segundo Lynch, a dimensão da companhia está intimamente relacionada aos retornos que se pode esperar do investimento. Você não deve investir em uma gigante mundial, como a Coca-Cola, esperando que a companhia quadruplique de tamanho nos próximos dois anos.

Não há nada de errado com grandes companhias, inclusive elas podem performar muito bem. Porém, você deve ser realista e não cultivar falsas esperanças quanto aos retornos esperados.

Uma vez conhecida a dimensão da companhia, Lynch classifica o ativo em uma das seis classes que serão apresentadas a seguir.

Crescimento lento

Geralmente, ações desta classe representam grandes companhias em estágio de maturidade. Espera-se um crescimento anual pouco acima do crescimento do PIB. Empresas de utilidade pública, como aquelas que atuam no setor de energia, quase sempre se enquadram nesta classe de ativos.

Um bom indicador para ver se uma companhia está na classe de crescimento lento é olhar para o pagamento de dividendos. Empresas que remuneram os acionistas com boa parte de seus lucros (*Payout* elevado), em geral, não possuem grandes projetos internos com alta rentabilidade, que poderiam impulsionar o seu crescimento e, deste modo, os gestores optam por remunerar os acionistas na forma de dividendos.

Isso não significa que os gestores estejam tomando decisões ruins. Muitas vezes, em empresas nesse estágio de desenvolvimento, distribuir proventos é a decisão que maximiza a geração de valor para o acionista.

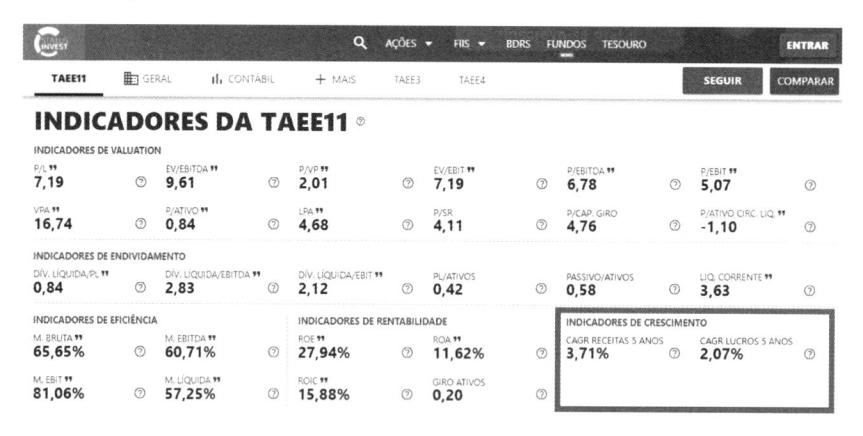

Os indicadores de crescimento da transmissora de energia Taesa (TAEE11), em destaque na imagem, mostram números modestos tanto na taxa de crescimento anual composta das receitas dos últimos cinco anos, como na taxa de crescimento anual composta dos lucros dos últimos cinco anos. A despeito disso, a Taesa é uma notória pagadora de dividendos recorrentes (fonte: https://statusinvest.com.br/acoes/taee11 – *link* acessado em 17/11/2020).

Crescimento moderado

Nesta classe, encontram-se as grandes empresas que, apesar de não apresentarem as maiores taxas de crescimento do mercado, ainda apresentam expansão relevante quando comparadas às empresas de crescimento lento.

Além disso, estas empresas podem representar uma proteção ao portfólio em períodos de crise, pois, em geral, quando a economia vai mal, as companhias desta classe acabam tendo performance satisfatória em meio ao cenário desastroso. São companhias grandes e sólidas e você sabe que não quebrarão durante uma crise e, após a tempestade, seu valor será muito provavelmente restaurado.

Crescimento rápido

Aqui se encontram as empresas favoritas de Lynch. Empresas novas e pequenas que crescem entre 20% e 25% ao ano. Segundo o investidor, escolhendo sabiamente, você pode se deparar com ações que valorizam mais de 100 vezes. Com um portfólio pequeno, um ou dois investimentos certeiros em ações dessa classe podem fazer fortunas.

Estas empresas não necessariamente estão em indústrias de crescimento rápido. Um modelo de negócios bem-sucedido pode levar à expansão rápida de uma empresa, mesmo em uma indústria de baixo crescimento.

Na década de 1980, por exemplo, mesmo em uma indústria que se expandia 2% ao ano, a rede de hotéis Marriott conseguiu crescer mais de 20% ao ano implementando um bom modelo de negócios.

Geralmente, o investimento neste tipo de companhia envolve um risco maior quando comparado às outras classes anteriormente mencionadas, pois o sucesso do investimento depende do crescimento futuro da empresa.

Entretanto, desde que mantenham o desempenho, Lynch acredita que esta classe de ativos envolve os grandes vencedores no mercado de ações. Você deve buscar as empresas que possuem demonstrativos financeiros sólidos e geram lucros substanciais.

O desafio é perceber quando o crescimento desacelera e quanto você deve pagar pelo crescimento esperado.

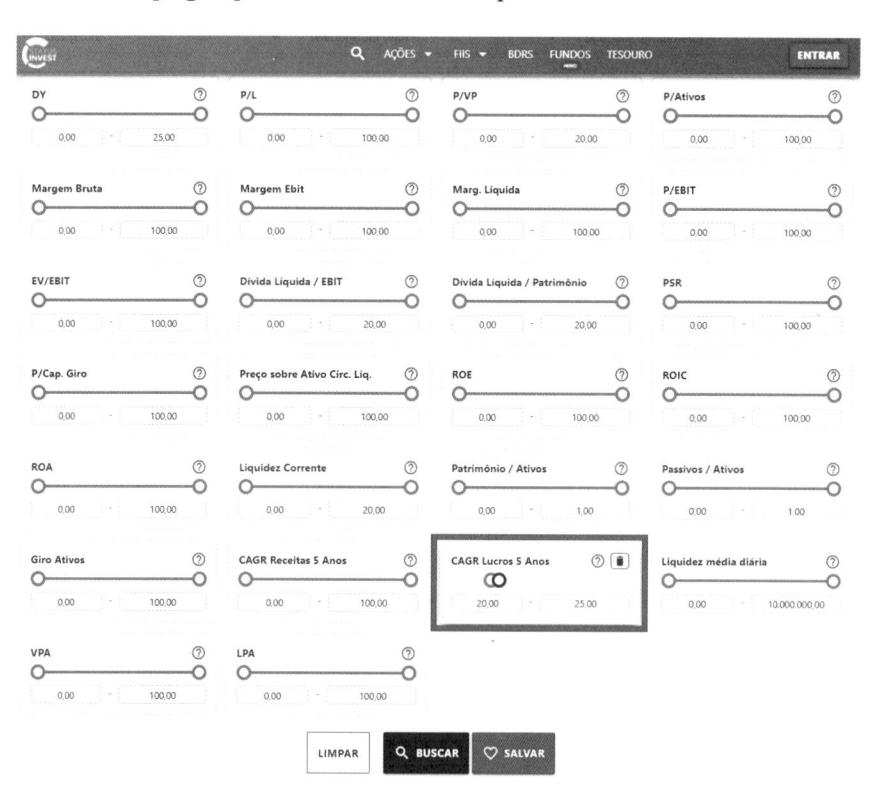

Na busca avançada por ações brasileiras na plataforma Status Invest, podemos inserir o intervalo "20,00" a "25,00" no campo "CAGR Lucros 5 anos", referente à taxa de crescimento anual composta dos lucros das empresas, nos últimos cinco anos. Então basta clicar em "BUSCAR" para obter os resultados (fonte: https://statusinvest.com.br/acoes/busca-avancada – *link* acessado em 17/11/2020).

☰ RESULTADO DA BUSCA

🔒 TICKER		🔒	PREÇO 🔒	P/L 🔒	DY 🔒	P/VP 🔒	CAGR LUCROS 5 ▽ ANOS
🔹	NEOE3 →		R$ 18,25	9,09	2,24	1,06	24,34
🔺	SANB11 →		R$ 37,83	9,35	7,42	1,37	23,85
🔺	SANB3 →		R$ 17,45	8,61	7,68	1,26	23,85
🔺	SANB4 →		R$ 20,40	10,10	7,19	1,48	23,85
🔹	HYPE3 →		R$ 30,21	15,70	3,92	2,06	23,65
🔸	BAUH4 →		R$ 84,99	30,23	1,01	5,39	23,02
[B]³	B3SA3 →		R$ 53,05	28,84	3,63	4,37	22,64
Q	QUAL3 →		R$ 35,24	26,05	0,49	6,07	22,49
⊙	JBSS3 →		R$ 21,17	18,72	2,55	1,43	21,85
⟿	IGSN3 →		R$ 0,00	0,00	0,00	0,00	21,41
ʌʌɪʒ	WIZS3 →		R$ 9,69	8,06	6,88	4,41	21,33
🔵	UNIP3 →		R$ 36,75	17,19	3,02	2,27	21,32
🔵	UNIP5 →		R$ 35,21	16,47	4,27	2,18	21,32
🔵	UNIP6 →		R$ 34,89	16,34	3,50	2,16	21,32
🔳	SAPR4 →		R$ 4,97	6,88	4,21	1,13	20,70
🔳	SAPR11 →		R$ 24,82	6,85	4,16	1,12	20,70
🔳	SAPR3 →		R$ 5,03	6,95	3,79	1,14	20,70
⬤	EALT3 →		R$ 12,11	12,98	0,45	1,52	20,01
⬤	EALT4 →		R$ 4,97	5,33	1,21	0,62	20,01
Whirlpool	WHRL3 →		R$ 7,10	17,48	13,65	5,03	20,00
Whirlpool	WHRL4 →		R$ 7,50	18,35	14,31	5,28	20,00

O resultado da busca realizada conforme o critério descrito na legenda da imagem anterior apresentou 21 ações de apenas 13 empresas listadas na Bolsa de São Paulo (fonte: https://statusinvest.com.br/acoes/busca-avancada – *link* **acessado em 17/11/2020).**

Cíclicas

Empresas cíclicas são aquelas nas quais as receitas e os lucros sobem e descem de maneira regular, a depender da conjuntura macroeconômica ou de outros fatores. Em uma indústria cíclica, as empresas expandem-se e contraem-se ao longo do tempo.

A indústria da aviação, por exemplo, se encontra nesta classe. Em momentos de crescimento econômico, há uma grande expansão do número de viagens e dos lucros das empresas do setor. Em contrapartida, em momentos de recessão econômica, as pessoas cortam custos e acabam viajando menos. Isso leva a uma contração dos lucros dessas companhias.

O mesmo ocorre na indústria automobilística e em diversos setores em que o consumo é amplamente afetado pela situação econômica do país.

O investidor deve tomar cuidado com esse tipo de ativo. Caso o investimento seja realizado no momento errado do ciclo, pode-se perder rapidamente mais de 50% do investimento e levar anos até a próxima alta.

Turnarounds

Segundo Lynch, esta é a classe de ações que envolve empresas que, por algum motivo, necessitam de mudanças drásticas para se recuperar da iminência de encerramento de suas atividades.

Existem muitas formas de *turnarounds*. Empresas que passam por recuperação judicial e necessitam de um empréstimo do governo para não declarar falência podem se recuperar e apresentar resultados satisfatórios. Outro exemplo são companhias que passaram por uma tragédia e, posteriormente, percebe-se que o evento não foi tão relevante quanto o impacto às suas ações.

Existem, também, casos em que companhias sólidas são controladas por organizações fracas, próximas à falência. Quando separadas, a valorização da empresa pode ser surpreendente. Lynch, em seu livro, menciona o caso da Toys "R" US. Quando a empresa foi separada de sua controladora, a cotação de suas ações multiplicou por 57.

Lynch ganhou muito dinheiro com essa classe de ativos enquanto geria o Fidelity Magellan Fund. Uma de suas grandes apostas foi o *turnaround* da Chrysler. Lynch começou a comprar quando a ação estava cotada a US$ 6 no início de 1982. A reestruturação da companhia foi bem-sucedida e, após dois anos, a ação já valia cinco vezes mais. Em 1987 a cotação superava a marca de US$ 90, multiplicando o investimento inicial por quinze vezes em cinco anos.

Ativos subprecificados

Empresas que se enquadram nesta classe possuem ativos mal avaliados, que acabam passando desapercebidos aos investidores. Para exemplificar esta situação, utilizarei a empresa citada por Lynch em seu primeiro livro.

Em 1976, a Pebble Beach estava sendo comercializada no mercado de ações americano ao preço de US$ 25 milhões. Menos de três anos depois, a Twentieth Century Fox comprou-a por US$ 72 milhões.

Você deve estar pensando que a TC Fox não fez um bom negócio. No entanto, a realidade é que a empresa comprada estava muito mal precificada três anos antes. Um dia depois da compra, a Twentieth Century vendeu uma pedreira da Pebble Beach (um dos muitos ativos da companhia) por US$ 30 milhões.

Isso significa que um único ativo da empresa valia mais do que o seu preço total, três anos antes.

Segundo Lynch, oportunidades como essa estão por toda parte. Obviamente é necessário conhecer profundamente a companhia para encontrar ativos mal precificados que os outros não enxergam. Entretanto, quando encontrados, tudo que você precisa é paciência para aguardar a correção do preço.

AS PIORES CRENÇAS DOS INVESTIDORES INICIANTES

Suno Call 360 – 22/07/2019

Com a enxurrada de novos investidores no mercado de ações, muitos boatos sobre o mercado financeiro vêm à tona. Em meio a tantas crenças, identificar as falácias se torna uma tarefa árdua. Ninguém melhor para derrubar alguns mitos do que Peter Lynch, investidor que dedicou um capítulo de seu livro magnífico, *O jeito Peter Lynch de investir*, a tal assunto.

O décimo oitavo capítulo de seu primeiro livro traz algumas crenças que investidores iniciantes costumam defender e que não se mostram verdadeiras. Apresentarei, a seguir, os boatos que julgo mais relevantes, por serem capazes de destruir riquezas ou levar os investidores a perder excelentes oportunidades.

"Se a ação caiu tanto, ela não pode cair mais"

Este boato é um clássico. Um bom exemplo levantado por Lynch em seu livro é o caso da Polaroid. A gigante, que um dia foi considerada uma *Blue Chip*, viu seus lucros e vendas colapsarem, o que levou a ação a perder boa parte de seu valor.

O papel, que chegou a custar US$ 143,50, despencou em ritmo acelerado e muitos acionistas começaram a afirmar que não poderia cair mais quando a ação atingiu US$ 100. Entretanto, como sabemos, uma ação não possui limite para a perda de valor e, no caso da Polaroid, os acionistas que divulgavam tal falácia não poderiam estar mais errados.

Em poucos meses a ação atingiu US$ 80 e, algum tempo depois, US$ 50. Neste momento, creio que todos os acionistas acreditavam que a cotação tinha atingido o fundo.

Certamente eles se arrependeram, pois, em menos de um ano, a ação saiu do valor de US$ 143,50, perdendo parte significativa de seu valor, e passou a ser cotada próximo de US$ 14.

"Se ela já subiu tudo isso, como poderia subir mais?"

Muitas pessoas que olham apenas para as cotações das ações costumam acreditar neste boato. É uma pena, pois elas nunca comprariam ações da Microsoft ou da Philip Morris. A ação da companhia de tabaco foi um dos papéis com melhor performance na história. Você poderia ter comprado a ação na década de 1950 por apenas US$ 0,75. Na década seguinte, em 1961, o papel era cotado a US$ 2,50. Neste momento, muitas pessoas diziam que a ação já tinha subiu muito.

Onze anos depois, a ação era negociada a sete vezes o preço de 1961 e vinte e três vezes o preço da década de 1950. Quem segurasse o papel por algumas décadas veria seus US$ 0,75 crescerem para US$ 124,50, o que levaria um investimento de US$ 1 mil para US$ 166 mil, sem incluir os US$ 23 mil em dividendos entregues ao longo do tempo.

"A ação custa apenas R$ 3: o que eu posso perder?"

Quantas vezes você ouviu pessoas dizerem isso? Talvez você tenha dito isso também. Você se depara com uma ação que é vendida por R$ 3 e rapidamente já está pensando, *"é muito mais seguro do que comprar uma ação de R$ 100".*

Não importa se a ação custa R$ 100 ou R$ 1, se ela for para R$ 0, você perderá tudo. Independentemente do preço de uma ação, os prejuízos e lucros serão sempre proporcionais ao montante investido.

O ponto é que uma ação cujo preço é menor que R$ 10 é tão arriscada quanto uma ação que custa mais de R$ 1 mil. Não importa a ação que você está comprando, o risco máximo sempre será igual: perder tudo.

Existem muitos outros boatos no mercado de ações e Lynch comenta sobre doze deles no décimo oitavo capítulo de seu livro. A leitura é muito interessante e contribui para quebrar certas crenças equivocadas que você pode ter construído ao longo de sua jornada nos investimentos.

DIVERSIFICAR: QUANTIDADE DE AÇÕES NA CARTEIRA, SEGUNDO PETER LYNCH

Suno Call 372 – 07/08/2019

Peter Lynch é um lendário investidor, filantropo e autor de três livros. Quando jovem, Lynch passou a se interessar pelo mercado de ações ao trabalhar para executivos como *caddy*. Nesta função, Peter era responsável por carregar os equipamentos e aconselhar os jogadores de golfe.

Auxiliar os executivos no campo de golfe acabou levando-o a trabalhar na Fidelity Investments. Lynch foi, então, responsável por liderar o Fidelity Magellan Fund no período de 1977 a 1990, tornando este fundo um dos mais bem-sucedidos à época. No período, ele foi capaz de alcançar extraordinários 29% em retornos anuais médios.

Com ampla experiência e propriedade acerca do mercado de

ações, respaldadas pelos seus ótimos resultados, Lynch escreveu seu primeiro livro no final da década de 1980, publicado no Brasil como *O jeito Peter Lynch de investir*.

Em uma parte de sua obra genial, Lynch trata sobre a questão da diversificação, buscando elucidar quantas ações é recomendável ter ao montar um portfólio.

Quantas ações seriam demais?

Lynch começa explicando que os investidores não devem ter 1.400 ações em carteira, como ele chegou a fazer, pois, em seu caso, precisava alocar US$ 9 bilhões, além de ter de respeitar várias regras. Apesar desta quantidade assustadora, ele traz algo mais tangível aos pequenos investidores.

De fato, quando o assunto é diversificação, surgem debates, principalmente entre os seguidores de Gerald Loeb, que diz: *"coloque todos os seus ovos em uma cesta"*, e os seguidores de Andrew Tobias, que diz: *"não coloque todos os seus ovos em uma cesta, ela pode estar furada"*.

Peter afirma que, de fato, seria interessante se ele tivesse colocado *"todos os seus ovos"* no Wal-Mart. Mas, por outro lado, ele não teria ficado muito feliz se tivesse arriscado tudo em outras cinco cestas contendo Shoney's, The Limited, Pep Boys, Taco Bell e Service Corporation International.

O lendário gestor ainda ressalta que jamais devem ser incluídas no portfólio ações desconhecidas e não acompanhadas pelo investidor, apenas pelo bem da diversificação. Diversificar apenas por diversificar pode ser o grande responsável pelo declínio de uma carteira de ações.

O grande ponto é, portanto, não se fixar em uma quantidade de ações, mas investigar quão boas elas são, numa análise caso a caso.

Na visão de Lynch, o investidor deve construir uma carteira com o máximo de ações. Porém, devem ser incluídas apenas as ações em relação às quais o investidor apresenta uma vantagem analítica.

É válido acrescentar que confiar em apenas uma ação é algo muito arriscado. Isso porque, apesar dos melhores esforços, a empresa escolhida pelo investidor pode ser vítima de circunstâncias não previstas. Além disso, por mais que a tese esteja correta, os retornos podem não performar como se esperava.

Em portfólios pequenos, Lynch afirma que estaria confortável em possuir entre três e dez posições. De fato, algo em torno de dez ativos é uma quantidade plausível de se encaixar na capacidade de acompanhamento de um pequeno investidor.

Ele afirma que há alguns benefícios na estratégia de possuir o máximo de ações, desde que o investidor as conheça e consiga acompanhá-las. Dentre os efeitos benéficos que o investidor cita em seu livro, considero que um deles sobressai em relevância: possuir mais ações significa maiores chances de conseguir uma *tenbagger*, isto é, uma ação que multiplica por dez.

Sendo assim, acredito que, sobretudo, diversificar não se conecta apenas com reduzir o risco atrelado ao portfólio. É também uma importante forma de aumentar as chances de encontrar os melhores retornos do mercado.

OPÇÕES E FUTUROS: A VISÃO DE PETER LYNCH

Suno Call 381 – 20/08/2019

Já faz algum tempo que recebo pedidos para falar um pouco sobre opções e contratos futuros. Invariavelmente, durante sua trajetória, o investidor ouvirá falar sobre estas alternativas em algum instante. Antes de mais nada, devo salientar que estes mecanismos podem ser adequados para uso por pessoas que aplicaram uma boa dose de estudos ao assunto.

Vale destacar que, embora o entendimento do conceito seja simples, compreender plenamente o funcionamento desses instrumentos é uma tarefa mais complexa. Para um indivíduo que não possui um conhecimento pleno destas ferramentas, bem como das estratégias para utilizá-las, trata-se de algo que pode ser fatal ao patrimônio, devido ao risco elevado. Nesse sentido, cabe trazer novamente a regra principal dos investimentos, segundo Warren Buffett:

"Nunca perca dinheiro."

Acredito que os conceitos elementares de cada uma destas ferramentas sejam facilmente encontrados. O que pretendo, portanto, é compartilhar a visão do lendário investidor Peter Lynch, exposta no penúltimo capítulo de seu livro *O jeito Peter Lynch de investir*.

O que Lynch pensa sobre opções e futuros?

O autor começa a discussão destacando que nunca comprou opções nem contratos futuros em toda a sua carreira de investidor, e nem cogita comprá-los futuramente. Além disso, aponta que é quase impossível ganhar dinheiro com estes instrumentos financeiros, a não ser que você se profissionalize nisso.

Claramente, Peter toma uma posição desfavorável ao uso destes mecanismos por pequenos investidores em geral. Relatórios de Chicago e Nova York, da época em que o livro foi escrito (no final da década de 1980), indicavam que entre 80% e 95% dos investidores amadores perdiam dinheiro ao utilizá-los. Acredito que tal estatística se mantenha ainda nos dias de hoje.

É válido dizer que estes instrumentos se originam a partir da ideia de proteção. Os contratos futuros, por exemplo, são bastante úteis para o setor de *commodities*. Por meio deles, é possível permitir que um fazendeiro trave o preço pelo qual irá vender sua mercadoria após a colheita. Do outro lado da troca, o comprador também pode fixar o preço que pagará pela mercadoria.

Cabe observar que ações não são *commodities* e, portanto, não há relação entre produtor e consumidor que faça com que a segurança dos preços seja necessária para o bom funcionamento do mercado de ações.

Para Lynch, qual o problema das opções e futuros?

Quando o investidor compra ações de uma empresa, ele contribui, de alguma forma, para o desenvolvimento do país. Por meio do mercado de ações, as companhias podem levantar capital para investir em seu crescimento, que, consequentemente, impulsiona o crescimento do país. É para isso que as ações servem.

Por outro lado, no mercado de opções e futuros, o dinheiro não é colocado em uso construtivo. Lynch afirma que esse dinheiro não financia nada, exceto os carros, os aviões e as casas compradas, tanto pelos poucos que conseguem lucrar, quanto pelos trabalhadores do mercado financeiro que ganham comissões pelas suas vendas.

Quando uma companhia cresce e prospera, todos os seus acionistas são beneficiados. Já o mercado de opções é um jogo de soma zero. Isto é, excluindo-se os custos das transações, para cada quantia que alguém ganha nesse mercado, a mesma quantia é perdida por uma contraparte.

Segundo Lynch, esta é a pior parte de comprar uma opção: não tem nada a ver com ser dono da fatia de uma companhia. Além disso, é um jogo que necessita não apenas de premissas corretas, mas também de um *timing* correto, já que a tese esperada pode se concretizar apenas após o vencimento do instrumento.

Em contrapartida, caso a utilização seja, de fato, para conferir proteção ao portfólio, Lynch ressalta que o investidor pode facilmente gastar de 5% a 10% de seu patrimônio investido, a cada ano, para se proteger de uma queda de 5% a 10%.

Por fim, saliento, novamente, que é preciso tomar bastante cuidado com esses mecanismos. O alto potencial de retorno rápido seduz muitos investidores pequenos a se aventurar no ambiente das opções e dos contratos futuros.

> *"Alguns pequenos investidores, não satisfeitos em ganhar aos poucos, preferem perder rapidamente." – Peter Lynch*

CHECKLIST RÁPIDO PARA INVESTIMENTOS, POR PETER LYNCH

Suno Call 421 – 15/10/2019

Peter Lynch foi um dos maiores gestores de fundos de investimento da história. Seus retornos de quase 30% ao ano, no comando do Fidelity Magellan Fund, podem ser comparados a poucas outras lendas dos investimentos. Considero Lynch um dos maiores investidores e acredito que ele tem muito a nos ensinar, dada a experiência adquirida ao longo da sua carreira.

Em seu livro mais conhecido, *One Up on Wall Street* (*O jeito Peter Lynch de investir*), de 1989, Peter Lynch classifica as ações em seis classes, conforme já abordei anteriormente. Apenas para relembrar brevemente, elas são enquadradas da seguinte maneira:

1) Crescimento lento;
2) Crescimento moderado;
3) Crescimento rápido;
4) Cíclicas;

5) *Turnarounds;*

6) Ativos subprecificados.

Para cada uma dessas classificações, Lynch traz um *checklist* específico. Mas, além disso, ele também oferece um *checklist* geral, que serve como um filtro amplo para todas elas.

Trata-se de um filtro interessante para separar ações para estudo. Não significa que uma ação boa deve obedecer a todos os pontos do *checklist*. Por outro lado, uma ação que os obedece tem uma probabilidade maior de ser interessante para um investimento.

A razão preço/lucro

> *"É alta ou baixa para essa companhia em particular, quando comparada a outras similares no mesmo setor?"*

Existem muitas métricas quantitativas diferentes que os investidores podem – e devem – utilizar ao analisar ações. De fato, não devemos confiar somente no indicador preço/lucro (P/L). No entanto, trata-se de um filtro preliminar que pode eliminar algumas empresas da lista a ser observada, poupando o tempo do investidor.

Movimentação dos *insiders*

> *"Checar se os* insiders *estão comprando e se a própria empresa está recomprando suas ações. Ambos são sinais positivos."*

Concordo bastante com Lynch neste aspecto. Executivos que investem seu próprio dinheiro para comprar uma fatia da companhia que administram têm um incentivo pessoal extremamente forte para desempenhar seus trabalhos, uma vez que serão beneficiados como acionistas também. Trata-se de um bom método de medir o alinhamento de interesses.

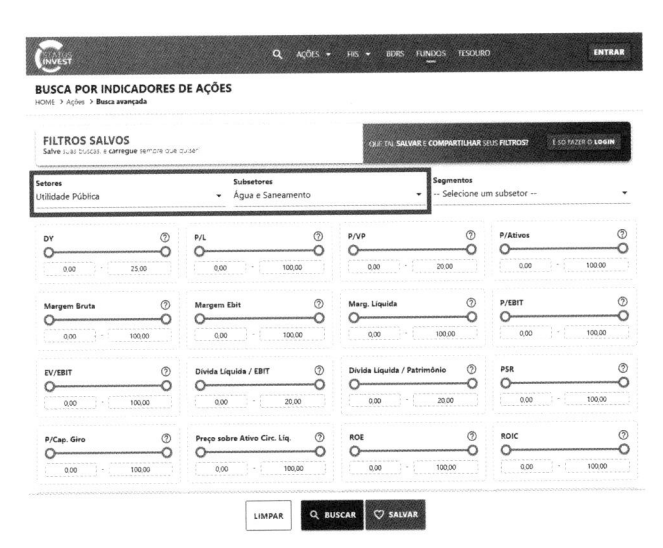

No sistema de buscas de ações brasileiras na plataforma Status Invest, podemos selecionar o setor de "Utilidade Pública" e o subsetor de "Água e Saneamento" e clicar em "BUSCAR" no passo seguinte (fonte: https://statusinvest.com.br/acoes/busca-avancada – *link* acessado em 17/11/2020).

TICKER	PREÇO	P/L	DY	P/VP
AMBP3 →	R$ 26,97	154,24	0,00	2,52
CASN3 →	R$ 15,20	90,24	0,27	8,54
CASN4 →	R$ 8,88	52,72	0,51	4,99
SBSP3 →	R$ 44,48	25,36	3,10	1,40
CSMG3 →	R$ 51,07	8,06	3,67	0,91
SAPR3 →	R$ 5,08	7,03	3,75	1,15
SAPR4 →	R$ 5,01	6,94	4,18	1,14
SAPR11 →	R$ 25,02	6,93	4,11	1,14

O detalhe da tabela de resultados da pesquisa efetuada nos moldes da imagem anterior mostra oito ações de cinco empresas listadas na Bolsa de São Paulo, ordenadas pelo P/L. As ações que combinam baixo P/L com razoável *Dividend Yield* (DY) são CSMG3 (Copasa), SAPR3, SAPR4 e SAPR11 (Sanepar). Além disso, estas companhias apresentam relações entre preço da ação e valor patrimonial da ação (P/VP) próximas de "1" (fonte: https://statusinvest.com.br/acoes/busca-avancada – link acessado em 17/11/2020).

Crescimento dos lucros

> *"Checar o histórico do crescimento dos lucros e se os lucros são esporádicos ou consistentes."*

De maneira genérica, o crescimento dos lucros sugere que a companhia está incrementando seu valor. É claro que eles devem ser observados com cautela, uma vez que são mais facilmente mascarados pela contabilidade do que os fluxos de caixa, por exemplo.

Assim, é interessante que o investidor saiba discernir de onde vêm os lucros, se são recorrentes ou não. De qualquer forma, o crescimento dos lucros é um bom filtro que pode ser utilizado por investidores. É importante que seja considerado em um *checklist*.

DRE DA SANEPAR

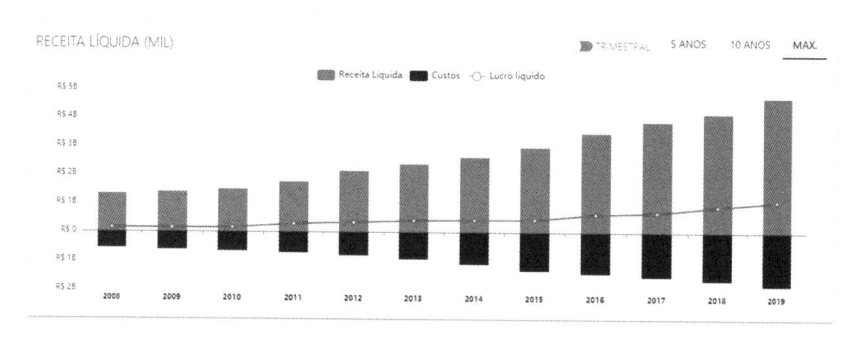

O gráfico que condensa os dados das demonstrações de resultados de exercícios (DRE) da companhia de saneamento básico do Paraná, a Sanepar (SAPR11), entre 2008 e 2019, mostra que tanto a receita líquida quanto os custos e o lucro líquido da empresa vêm crescendo de forma consistente (fonte: https://statusinvest.com.br/acoes/sapr11 – *link* acessado em 17/11/2020).

Saúde financeira

> *"Checar se a companhia tem um balanço forte ou fraco (como está a sua dívida em relação ao patrimônio líquido), e como está avaliada sua saúde financeira."*

Uma companhia com endividamento excessivo pode estar mal posicionada, correndo risco de insolvência em tempos ruins. Assim, uma dívida muito elevada pode sugerir que seja considerada uma margem de segurança estreita.

No 2º semestre de 2020, a Sanepar (SAPR11) possuía um patrimônio líquido superior a R$ 6,6 bilhões e uma dívida líquida de aproximadamente R$ 2,7 bilhões, indicando uma boa saúde financeira para uma empresa do segmento de água e saneamento (fonte: https://statusinvest.com.br/acoes/sapr11 – *link* acessado em 17/11/2020).

Posição de caixa

"A posição de caixa é o 'chão' das ações."

Com este aspecto, Lynch busca mostrar que o caixa de uma companhia representa o ponto mínimo ao qual uma ação pode chegar, mesmo na pior das circunstâncias.

CONSELHOS DE PETER LYNCH PARA O CENÁRIO DA PANDEMIA DO CORONAVÍRUS

Suno Call 541 – 13/04/2020

Peter Lynch é um lendário gestor norte-americano, que auferiu retornos médios de 29% ao ano, durante a gestão do Magellan Fund, de 1977 a 1990. Apesar de muitos investidores já conhecerem a sua história, é sempre importante apresentá-la para quem eventualmente ainda não a conheça.

Por causa de sua experiência como investidor, Lynch se tornou uma figura bastante respeitada nesse âmbito. Assim, podemos sempre aprender lições interessantes com seus conselhos.

A pandemia do Coronavírus, que eclodiu no início de 2020, pode ser uma crise diferente de todas, no entanto o *Bear Market* causado por ela não é uma nova experiência para investidores de valor.

Quando observamos mercados mais maduros, como o dos Estados Unidos, notamos que seus índices já passaram por vários *Bear Markets*, recuperando-se com sucesso após certo tempo.

Lynch foi um investidor que atravessou mercados em queda de forma exemplar em sua carreira. Portanto, entender como funciona a sua estratégia pode proporcionar bons *insights* aos investidores, no que tange a lidar com tempos incertos.

Foque nos fundamentos

> *"O segredo não é aprender a confiar na sua intuição, mas se disciplinar a ignorá-la. Fique com suas ações enquanto os fundamentos da companhia não mudarem."*

Comprar ações numa crise pode ser um processo difícil para os investidores, uma vez que o pânico e o medo que permeiam o mercado podem afastar os investidores das oportunidades.

Pode parecer que não seja o momento ideal para comprar ações. Os preços têm grandes chances de se mover para baixo no curto prazo. No entanto, se a empresa possui um balanço sólido e uma posição sólida no mercado, é muito provável que prospere.

Portanto, é necessário disciplina para ignorar outros investidores e seguir com o seu racional.

Lidar com perdas

Observar quedas no portfólio num cenário como o que se vive em situações excepcionais (como uma pandemia) é perfeitamente normal para investidores de longo prazo.

Segundo Lynch, *"as pessoas que alcançam o sucesso no mercado de ações também aceitam perdas periódicas, obstáculos e ocorrências inesperadas. Grandes quedas não as amedrontam".*

É difícil prever uma crise. Por isso, é necessário estar disposto a enfrentar perdas temporárias em seu portfólio. O ponto chave é manter uma visão de longo prazo, investindo em companhias de qualidade que estão sendo negociadas a preços baixos.

Gerindo o risco

Ter um balanço sólido durante um mercado em queda é um fator de extrema relevância. Isso porque as condições operacionais incertas e a demanda reduzida de clientes podem fazer com que os negócios sofram declínios nas receitas, ficando sob pressão.

> *"Nunca invista em uma companhia sem antes ter feito o seu dever de casa sobre os prospectos da companhia, condições financeiras, posição competitiva, planos para expansão, dentre outros."*

Não sabemos quanto tempo uma pandemia pode durar. Portanto, é fundamental que você se assegure de que seus investimentos estejam em posições sólidas para sobreviver ao cenário de crise.

Aceitar as incertezas

Investir é, por natureza, uma atividade que traz riscos. O futuro raramente chega da maneira como alguém esperava.

> *"Lembre-se, as coisas nunca estão claras até que tenham passado."*

Se você decidir esperar para ver se a performance de uma companhia irá melhorar, seus bons prospectos provavelmente já estarão precificados na ação. Isso é um aspecto de extrema relevância durante as quedas do mercado. Ou seja, você pode acabar perdendo oportunidades, caso decida esperar sinais de melhora.

Portanto, compre negócios sólidos, negociados a um *Valuation* atrativo, sempre focando no longo prazo.

PETER LYNCH SOBRE A VOLATILIDADE

Suno Call 553 – 30/04/2020

Para a maioria dos pequenos investidores, a volatilidade pode parecer algo assustador. No entanto, de acordo com Peter Lynch, não deveria ser assim. Em 1994, este lendário investidor explicou o motivo pelo qual os investidores em valor devem abraçar a volatilidade.

Quando perguntado sobre suas preocupações com o nível de volatilidade na época de seu discurso, Lynch respondeu apenas que amava a volatilidade. Em seguida, falou sobre um de seus investimentos mais bem-sucedidos.

Em 1972, houve uma correção no mercado e as ações da Taco Bell (agora detidas pela Yum! Brands, que também é dona do KFC e do Pizza Hut) saíram de US$ 14 para apenas US$ 1. Isso acontenceu sem que o negócio tivesse dívidas e sem nenhum encerramento de atividade em seus restaurantes. Em linhas gerais, era uma boa companhia.

Lynch começou a montar a sua posição comprando as ações quando estavam no patamar de US$ 7 e continuou com o seu racional enquanto elas caíam até US$ 1, fazendo mais compras. Trata-se de um bom exemplo de um investidor convicto de sua tese. Em seu lugar, a maioria teria, provavelmente, tomado o caminho de se desfazer do papel, realizando o prejuízo.

Em 1978, essa era a maior posição do Magellan Fund, gerido por Lynch. Nesta época, a companhia foi comprada pela PepsiCo por US$ 42 por ação. Se Peter Lynch tivesse comprado todas as suas ações a US$ 7 cada, teria uma valorização de 600%. Como ele comprou várias a preços muito menores, seu retorno foi ainda maior.

Este caso nos mostra como existem barganhas durante as quedas do mercado.

> *"A natureza humana não mudou muito em 25 mil anos. Alguma coisa acontecerá e fará o mercado cair ou subir. A volatilidade ocorrerá e os mercados continuarão a ter estes altos e baixos – eu penso que isso traz oportunidades, se o investidor consegue entender o que ele possui."*

Acredito que a passagem a seguir, extraída do mesmo discurso de Lynch, diz muito sobre como as nossas percepções sobre investimentos se tornaram enviesadas ao longo dos últimos anos:

> *"O que você aprende pela história é que o mercado cai – várias vezes. A matemática é simples, foram 93 neste século. Os mercados apresentaram 50 quedas superiores ou iguais a 10%, então cerca de uma vez a cada dois anos o mercado cai 10%. Destes 50 declínios, 15 foram iguais ou superiores a 25% – são os* Bear Markets. *Então, aproximadamente a*

cada seis anos, o mercado tem um declínio de 25%. Você precisa saber que o mercado irá para baixo em alguns momentos. Se você não está preparado para isso, você não deveria ter ações."

Essa fala nos mostra o quanto as coisas mudaram neste novo século. Em 1994, era esperado que o mercado norte-americano apresentasse uma queda de 10% a cada dois anos. Durante a última década (2010-2019), não houve uma queda como as que eram esperadas em 1994. Apenas pequenas correções, como a de dezembro de 2018, no mercado norte-americano.

As quedas provocadas pela pandemia do Coronavírus em 2020 foram enormes, de fato. No entanto, estes eventos são mais comuns do que acreditamos na história. Esta não é a primeira vez que o mercado demonstra grandes quedas e nem será a última.

O grande ponto é sabermos aproveitar estes momentos para construir o nosso patrimônio.

O "MONÓLOGO DE DOIS MINUTOS" DE PETER LYNCH

Suno Call 586 – 18/06/2020

Na maioria das vezes, os investidores são motivados pelo desejo de aumentar o seu patrimônio. Quando avaliamos um potencial investimento, o sistema de recompensas embutido em nossos cérebros é tomado por uma intensa atividade ao tentar antecipar quais serão os resultados.

Alguns estudos já mostraram que essa sensação é criada pelo aumento dos níveis de dopamina no cérebro. Também já foi constatado que receber a recompensa (isto é, alcançar bons retornos) não é tão prazeroso quanto a antecipação.

Além disso, quando a recompensa é pouco provável, maiores são os níveis de dopamina no cérebro, levando o indivíduo a ter uma sensação de prazer e atração por tomar riscos. Em 2002, Jason Zweig disse o seguinte sobre o assunto, em um artigo:

> *"A dopamina faz com que ganhar uma grande quantia de dinheiro seja muito mais prazeroso do que apenas auferir retornos adequados – e o efeito dessa euforia nos impede de focar em quão pequenas são as chances de ganhos extraordinários."*

Qualquer pessoa que entenda o poder dos juros compostos sabe que uma sequência de anos excelentes pode ser bastante impactada por apenas um ano ruim.

Por exemplo, um investidor que consegue um retorno de 16% ao ano constantemente performará melhor do que alguém que alcança 20% de retorno anual durante nove anos e perde 15% no décimo ano, embora tenha sido "batido" em nove dos dez anos.

É importante notar que as decisões tomadas em momentos de irracionalidade podem impactar seriamente a performance de um investidor no longo prazo. Isso nos leva a colocar em prática o "monólogo de dois minutos" de Peter Lynch.

Primeiramente, Lynch recomenda que os investidores aprendam tudo sobre a "história" do negócio. Isto é, ler relatórios da companhia, artigos e notícias recentes, buscando entender as oportunidades de crescimento, quais são os potenciais retornos aos acionistas devido à expansão das operações, entre outros pontos.

Depois que essa etapa é completada, o investidor pode passar para o "monólogo de dois minutos" que Lynch descreve em seu livro *One Up on Wall Street*, publicado no Brasil como *O jeito Peter Lynch de investir*:

"Antes de comprar uma ação, eu gosto de estar apto a fazer um monólogo de dois minutos que cobre as razões pelas quais eu estou interessado nela, o que precisa acontecer para que ela tenha sucesso e quais são os obstáculos em seu caminho."

Lynch ressalta que o monólogo pode ser feito para si mesmo ou em voz alta para os colegas. Quando você estiver apto a falar sobre uma ação desta maneira para a sua família ou seus amigos, de um jeito que até mesmo uma criança possa entender, então você terá o domínio da situação.

O que deve conter o monólogo? Lynch sugere discutir o tipo de companhia e como a sua categorização se aplica à situação. Por exemplo, ao falar sobre a General Motors – que é uma companhia cíclica –, o monólogo provavelmente abordará as condições atuais do negócio, seus estoques e o efeito que a demanda teve e terá para a empresa.

Lynch ainda afirma que dedica, frequentemente, várias horas para desenvolver o seu *script*, dando uma indicação de que isso não é um exercício superficial, embora possa parecer para alguns. É uma etapa essencial para evitar potenciais desastres nos investimentos.

Portanto, escrever para si o seu monólogo de dois minutos antes de fazer um investimento talvez seja um bom método de se prevenir contra decisões baseadas em emoções, além de solidificar o conhecimento a respeito do seu investimento.

Adicionalmente, isso também funcionará como um registro que pode ser revisitado a qualquer momento, nos permitindo visualizar como a nossa mente pensava quando o *case* foi estudado.

CONFERINDO NOVAMENTE A HISTÓRIA, POR PETER LYNCH – I

Suno Call 661 – 02/10/2020

"Vale a pena conferir novamente a história da empresa no intervalo de alguns meses."

Com essa frase, Peter Lynch nos oferece uma importante dica sobre o acompanhamento das movimentações de uma companhia. Nesse sentido, ele recomenda fazer vários questionamentos, como os seguintes:

- A mercadoria que a empresa oferece ainda é atraente?
- Como estão seus lucros?
- O que manterá a companhia crescendo?

As respostas podem ser obtidas por meio da leitura do último relatório divulgado pela companhia, do acompanhamento das entrevistas com os gestores, das perguntas sobre o estado de lucros e até mesmo em uma visita à companhia – para averiguar se ela ainda goza de uma aura de prosperidade.

Essa abordagem é importante, segundo Lynch, porque existem três fases na vida de uma empresa em crescimento:

1) Fase mais arriscada para o investidor, aquela na qual as falhas nos fundamentos do negócio são ajustadas.

2) Fase de rápida expansão, na qual a empresa se move em direção a outros mercados. Também é a mais segura, quando a maior parte do dinheiro é ganha.

3) Fase madura, também conhecida como fase de saturação. É a mais problemática, visto que a empresa começa a se dirigir para suas limitações.

Nesse contexto, ao verificar a história da companhia periodicamente, você poderá perceber se a empresa está se aproximando ou se afastando de uma fase em direção a outra.

Para fazer essa verificação, Lynch oferece um exemplo bastante interessante do McDonald's. Houve um certo momento, nos Estados Unidos, em que todos os lugares pareciam ter uma franquia da rede McDonald's, de modo que os investidores começaram a se preocupar com o fato de que a incrível expansão da companhia seria coisa do passado.

Assim, Lynch destaca que, entre 1972 e 1982, o preço das ações da companhia se moveu lateralmente. Porém, a empresa continuou a entregar resultados sólidos. O que a companhia fez para isso foi manter seu crescimento de forma criativa, de modo que ela inicialmente instalou balcões de *drive-in*. No final da década de 1980, esses balcões representavam um terço do negócio do McDonald's.

Em seguida, passou a trabalhar com café da manhã, o que aumentou as vendas do restaurante em mais de 20%, além de adicionar uma nova dimensão às vendas em um horário em que a lanchonete ficaria, de outro modo, fechada.

Outro passo muito importante foi a inserção de pratos com saladas e frango, o que reduziu a dependência da empresa em relação ao mercado de carne. Nesse ponto, Lynch faz um apontamento bastante interessante:

> *"As pessoas presumem que, se os preços do mercado de carne subirem, o McDonald's será castigado – mas elas estão falando do antigo McDonald's."*

Assim, à medida que o ritmo de construção de novas franquias diminuía, a rede buscava encontrar maneiras de crescer dentro dos limites já existentes.

Lynch relata ainda uma situação na qual passou por um grande aprendizado por não estar atento às realidades de uma companhia em que investiu. Continuarei essa história na segunda parte.

CONFERINDO NOVAMENTE A HISTÓRIA, POR PETER LYNCH – II

Suno Call 662 – 05/10/2020

Lynch conta que, em 1983, adquiriu uma pequena posição da Texas Air e viu o maior ativo da companhia, a Continental Air, deteriorar-se. Nesse contexto, o preço das ações da Texas Air caiu de US$ 12 para U$ 4,75, enquanto as ações da Continental Air chegaram a US$ 3.

Entretanto, Lynch se manteve atento às situações das empresas e, ao perceber a retomada de seus respectivos clientes com o corte de custos, começou a montar posições elevadas nelas.

Em 1986, o valor das ações havia triplicado. No mesmo ano, a Texas Air anunciou a compra de uma grande participação em outra companhia aérea, de modo que o preço da ação foi multiplicado por três mais uma vez.

Assim, a partir da resolução dos seus problemas, em 1983, a companhia se tornou uma *tenbagger* – o que ocorreu já em 1986. Vale lembrar que o termo *tenbagger* foi cunhado pelo próprio Lynch para se referir a um investimento que retornou dez vezes seu preço inicial de compra.

Mas, voltando à história, após a Texas Air se tornar uma *tenbagger*, Lynch se concentrou tanto no potencial de lucros da companhia que se esqueceu de prestar atenção à realidade mais próxima.

"Fiquei cego porque o preço da ação continuava subindo. Deixei-me levar pela última história melhorada da empre-

sa quando, na verdade, os fundamentos do negócio estavam desmoronando."

A última história melhorada da companhia correspondia ao fato de ela se beneficiar de uma operação mais enxuta e reduzir de maneira significativa seus custos com mão de obra. Além disso, adquiria participação em outras empresas e planejava recuperá-las. Dessa forma, a estratégia consistia em adquirir empresas aéreas falidas e cortar custos. Com isso, os lucros fluiriam naturalmente.

O grande problema estava no fato de que Lynch se concentrou nas previsões dos preços para a companhia e não percebeu os sinais de alarme que apareciam nos jornais, como bagagens extraviadas, chegadas atrasadas, clientes irritados e empregados insatisfeitos em uma das empresas em que a Texas Air tinha participação.

O que aconteceu foi que os lucros da Texas Air começaram a cair em 1987. Finalmente, quando Lynch retomou seu bom senso, ele passou a vender sua posição por US\$ 17 a US\$ 18 por ação. Lynch ainda lembra que, no fim de 1987, as ações da Texas Air caíram para US\$ 9.

Além de ter cometido o erro de não reduzir sua posição na Texas Air, quando as evidências dos problemas se tornaram óbvias, Lynch não conseguiu utilizar essa informação para obter retornos elevados com outro vencedor de sucesso: a Delta Airlines.

Podemos perceber que até os grandes investidores cometem erros. Contudo, também podemos nos precaver de alguns deles: para tanto, precisamos aprender com as lições que esses grandes investidores têm a nos passar.

Assim, não deixe de conferir novamente a história da companhia em que está investindo.

EMOÇÕES, PACIÊNCIA E INTELIGÊNCIA NO MERCADO DE AÇÕES

Suno Call 682 – 04/11/2020

Gostaria de trazer para reflexão dois pontos que considero cruciais para o sucesso nos investimentos – e que têm forte ligação entre si. Refiro-me ao controle de emoções e à paciência.

Aqui no Brasil, ainda existe uma crença na ideia de que a renda variável é um grande cassino sobre o qual não temos controle algum – e que no final sempre vamos sair perdendo.

De início, já é possível fazer cair por terra esta associação, uma vez que vários casos de investidores de sucesso mostram, sem sombra de dúvidas, que é possível chegar ao topo quando se sabe o que está fazendo.

Segundo Warren Buffett, quando você tem um certo QI – digamos, de 120 –, não significa que alguém com um QI de 200 vai se sobressair no mercado de ações. Ou seja, após um certo nível não tão extraordinário de intelectualidade, o que mais importa é ter equilíbrio emocional.

Além disso, de fato, não controlamos vários aspectos de um investimento em renda variável propriamente dito, porém podemos controlar nossas atitudes – este é o fator determinante para se jogar tal jogo da maneira correta. Podemos determinar se queremos entrar num investimento, se queremos sair de outro e podemos optar por não fazer nada. Isso já basta.

Não controlamos os rendimentos dos nossos investimentos; não podemos interferir no que as empresas fazem (a não ser que tenhamos participação suficientemente relevante para obter seu controle); tampouco podemos prever os comportamentos do mercado daqui a uma hora, um dia, um mês ou um ano.

Se pararmos para pensar, nenhum ser humano é racional. Somos animais emocionais e, por mais que acreditemos que temos controle pleno sobre nossas atitudes, na maior parte do tempo estamos à mercê de comportamentos pré-programados.

Apesar de nenhum ser humano ser completamente racional, temos lapsos de racionalidade.

O que podemos aprender com os maiores investidores não é que eles são racionais o tempo todo, mas que eles enxergam que o ser humano é imperfeito. Por isso, não tomam decisões em momentos em que sabem que estão imersos em emoção.

Os grandes investidores não têm pressa para agir: tomam suas decisões apenas enquanto estão vivendo seus "lapsos de racionalidade".

Buffett já dizia que, se as pessoas estão à mercê de suas emoções, não conseguirão controlar seu dinheiro. Isso porque é nos picos de emoção que tomamos as piores atitudes com relação aos nossos investimentos.

Quando todos estão com medo e a Bolsa está em queda, muitos investidores tendem a se desfazer de suas posições, ao passo que, quando o mercado está em alta, muitos querem comprar o que estiver em crescimento.

Se pararmos para pensar, isso não faz sentido. É mais interessante comprar uma padaria que lucra R$ 100 mil por ano por R$ 400 mil ou por R$ 800 mil?

O investidor que compra ações com mentalidade de sócio quer pagar barato com relação aos lucros futuros da empresa, que são entregues ao longo de muitos anos. Por isso, ele não está tentando prever oscilações aleatórias na cotação.

Um exemplo gritante foi contado por Peter Lynch, um dos maiores investidores do mundo, que geriu o fundo de investimentos Magellan por 13 anos e teve retorno médio de 29,2% ao ano durante esse período. Mesmo com esses retornos incríveis, Lynch conta que quatro a cada cinco cotistas de seu fundo perderam dinheiro. Como? As pessoas compravam cotas na alta – quando as ações pareciam estar indo bem – e vendiam na baixa.

É por isso que Buffett diz que *"o mercado de ações é um dispositivo para transferir dinheiro dos impacientes para os pacientes".*

Se o cotista do fundo de Peter Lynch investisse uma vez e simplesmente não fizesse mais nada, ele teria retornos espetaculares, pois, a uma taxa de 29,2% ao ano, ele multiplicaria seu patrimônio inicial por quase 28 vezes em apenas 13 anos.

O ser humano tem dificuldades de visualizar os benefícios do longo prazo, uma vez que vivemos o agora. É neste mesmo momento que queremos os benefícios. Ninguém quer plantar, mas todos querem colher. A impaciência é uma grande inimiga dos investidores.

Quando tocamos nesse aspecto da paciência, muitos começam a se perguntar sobre quanto tempo constitui o longo prazo. Afinal, além de ter dificuldades em visualizar os benefícios, o ser humano também não gosta de lidar com prazos indefinidos. Há uma necessidade constante de mensurar em quanto tempo o retorno virá.

Sendo assim, aproveito para reforçar que, quando estamos falando de longo prazo, na verdade não há prazos definidos. Caso você tenha um horizonte de tempo bem definido, não é aconselhável colocar o capital em renda variável, pois não podemos prever quando um bom momento ocorrerá para realizar os lucros.

É de suma importância acreditar no poder do tempo – aliado à matemática exponencial dos juros compostos.

Também é imprescindível conhecer o que estamos fazendo e buscar cada vez mais conhecimento. A partir do momento em que agimos com imprudência na Bolsa de Valores, sem conhecer seu funcionamento e nossos investimentos, criamos o cenário para que ela se transforme em um verdadeiro cassino.

IV – HOWARD MARKS (1946)

Um historiador, um economista, um engenheiro e um advogado terão visões diferentes sobre um investimento. É claro que nenhuma abordagem estará totalmente correta em todas as circunstâncias, mas, aprendendo a combiná-las, você pode aumentar drasticamente a qualidade da sua tomada de decisão.

RISCO SEGUNDO HOWARD MARKS

Suno Call 288 – 05/04/2019

O investidor, escritor e cofundador da Oaktree Capital Management, Howard Stanley Marks, analisou com profundidade os temas que circundam o universo do risco ao longo de sua carreira.

O real significado de risco

A literatura acadêmica defende que a quantificação do risco se dá através da volatilidade. Marks acredita que isso ocorre uma vez que a volatilidade é mensurável, podendo ser, portanto, utilizada em modelos matemáticos das teorias de finanças modernas.

Entretanto, apesar de a volatilidade ser quantificável, ela não representa o real sentido do risco. Marks não acredita que boa parte dos investidores tema a volatilidade. O que eles realmente temem é a perda permanente de capital.

O investidor acredita que a probabilidade de perda permanente de capital é tão mensurável quanto a probabilidade de chover. Os indivíduos podem estimá-la e especialistas conseguem fazer isto bem, porém ela não pode ser mensurada com exatidão. As variáveis que regem acontecimentos futuros são incontáveis e nem o melhor especialista pode prever o que ocorrerá com o mercado nos próximos anos.

Marks tem a mesma crença de John Kenneth Galbraith, que defende a existência de apenas dois tipos de indivíduos que preveem o futuro: aqueles que não sabem o futuro e aqueles que não sabem que não sabem o futuro.

Risco e retorno

A Teoria das Finanças Modernas defende que existe uma relação de proporcionalidade positiva entre risco e retorno. Quanto maior o risco, maior o retorno. O gráfico a seguir expressa tal relação.

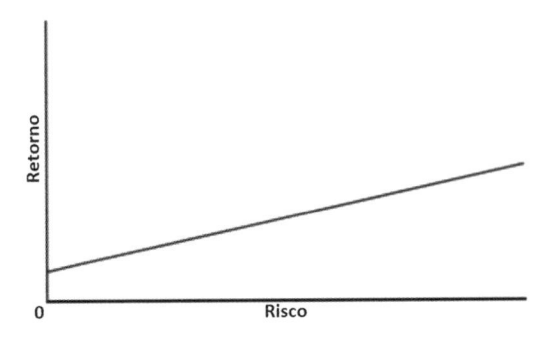

Muitas vezes, esse conceito é mal compreendido e as pessoas acreditam que, investindo em ativos cujo risco é maior, os retornos serão maiores. Isto não se comprova na realidade.

De fato, segundo Marks, *"investimentos que parecem mais arriscados aparentam ter maior probabilidade de entregar retornos elevados, caso contrário as pessoas não realizariam o investimento".*

Investimentos arriscados, por definição, não garantem retornos elevados. Porém, tais retornos podem ocorrer. Para incluir o conceito da imprevisibilidade futura, Marks propôs outra forma de analisar a relação de risco e retorno. Tal relação é apresentada no gráfico a seguir.

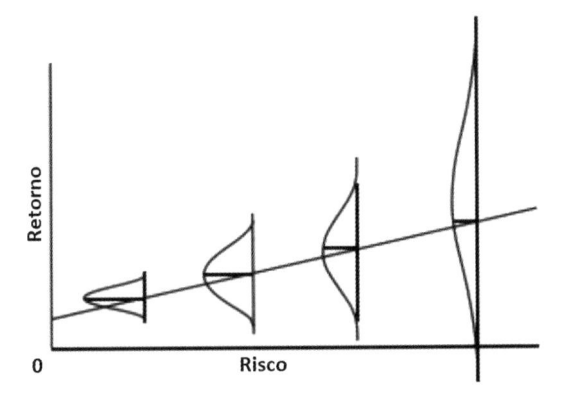

Com essa visão adaptada, o escritor propõe que existe a mesma relação de proporcionalidade positiva entre risco e retorno. Entretanto, como os retornos dos investimentos estão associados ao futuro e este é incerto, não há só uma possibilidade de retorno em uma faixa de risco.

Aliás, quanto maior o risco, maior a possibilidade de retorno, bem como a possibilidade de perda. A palavra "possibilidade" é o grande diferencial.

O primeiro gráfico proposto, aquele apresentado pela academia, traz a ideia de que quanto maior o risco maior o retorno.

Marks, por outro lado, cria diversas possibilidades, o que expressa de maneira muito mais confiável a realidade. Conhecendo muito bem as possibilidades de investimento, você pode encontrar oportunidades de obter retornos elevados, correndo riscos moderados.

Deste modo, o investidor conclui que, quanto maior o risco, maiores as expectativas de retorno e maior o arco de possibilidades de resultados, tanto em termos de ganhos quanto de perdas.

MERCADO: EFICIENTE OU INEFICIENTE? A VISÃO DE HOWARD MARKS

Suno Call 350 – 05/07/2019

"Na teoria, não existe diferença entre teoria e prática, mas na prática existe." – Yogi Berra

Howard Marks, o grande investidor e escritor norte-americano, publicou ao longo de sua carreira diversos conteúdos que abordam os mais variados temas dentro do universo dos investimentos. Cofundador da Oaktree Capital, Marks divulga periodicamente memorandos excelentes, cuja leitura é, em minha opinião, obrigatória para qualquer investidor.

Além de seus memorandos, Marks escreveu dois livros fantásticos, *Mastering the Market Cycle* (publicado em português como *Dominando o ciclo de mercado*) e *The Most Important Thing* (publicado em português como *O mais importante para o investidor*). Tratarei da visão do autor acerca da Teoria do Mercado Eficiente, abordada no segundo livro.

Antes de explicar a visão de Marks sobre a mencionada teoria, devo explicar brevemente as hipóteses e conclusões de Eugene Fama, criador da hipótese, derivada da Teoria Moderna do Portfólio, de Markowitz.

A Hipótese do Mercado Eficiente assume algumas premissas. Em primeiro lugar, temos a existência de diversos agentes de mercado compartilhando acesso similar às informações relevantes sobre as empresas. A teoria afirma que os agentes são inteligentes, objetivos, altamente motivados e que seus modelos analíticos são amplamente conhecidos e empregados.

Com isso, as informações são refletidas integral e imediatamente no preço de cada ativo, de modo que estes são precificados de maneira justa, tanto em termos absolutos quanto em termos relativos.

Em complemento, a teoria defende que os preços são estimativas precisas do valor intrínseco dos ativos e que, portanto, nenhum agente econômico é capaz de identificar e lucrar constantemente com ativos mal precificados.

Assim, segundo Howard Marks, a teoria conclui que você é incapaz de "bater o mercado", ou seja, nenhum investidor conseguiria obter retornos superiores ao mercado constantemente. Compreendidas as hipóteses e a principal conclusão, vamos aos fatos.

De fato, a informação é cada vez mais acessível e distribuída uniformemente, o que faz com que os preços sejam rapidamente ajustados às novas informações disponíveis no mercado. Deste modo, o preço reflete de forma dinâmica o consenso dos investidores.

Entretanto, muitas vezes o consenso do mercado pode não representar a realidade da empresa. Conhecemos diversos casos que mostram isso. Em seu segundo livro, Howard Marks aborda o exemplo do Yahoo!, cujas ações, em janeiro de 2000, estavam sendo negociadas a US$ 237. Pouco mais de um ano depois, em abril de 2001, as ações eram negociadas a US$ 11.

Certamente, em pelo menos um dos dois momentos, o mercado estava precificando o ativo de maneira equivocada, pois a empresa não reduziu sua operação nessa proporção. O mesmo ocorreu com diversos outros ativos, como é o caso da Valeant, empresa farmacêutica que perdeu mais de 95% de seu valor de mercado em menos de dois anos.

A teoria se equivoca ao afirmar que a disponibilidade de informações se converte em preço justo. As informações que causaram a queda no preço dos ativos estavam disponíveis muito antes de os preços despencarem. Alguns investidores, inclusive, apostaram contra a farmacêutica e conseguiram obter lucros significativos com a queda.

Apesar disso, a teoria não está completamente equivocada. Algumas classes de ativos se aproximam do mercado eficiente. Geralmente, esses ativos compartilham características comuns. Os ativos são amplamente conhecidos e acompanhados por diversos analistas, sendo ativos socialmente aceitos (não são vistos como tabus), cujas informações são distribuídas de forma igualitária.

Entretanto, existem muitos ativos que não se enquadram nessas características. Algumas empresas não atraem tanta atenção dos investidores e, frequentemente, acabam sendo mal precificadas.

Essas empresas acabam tornando o mercado ineficiente, de certa forma.

Segundo Marks, um mercado ineficiente é aquele no qual os preços estão frequentemente equivocados, permitindo que alguns investidores consistentemente performem melhor do que outros. Isso ocorre principalmente por dois motivos: a avaliação equivocada; e a diferença de habilidade e acesso à informação entre os agentes do mercado.

Assim, o autor conclui que a ineficiência é uma condição necessária para que o investidor consiga retornos consistentemente superiores aos do mercado.

Howard Marks aponta uma terceira possibilidade para observar o mercado. Segundo o autor, nenhum mercado é perfeitamente eficiente ou ineficiente. Na verdade, existem classes de ativos mais ou menos eficientes sendo negociadas no mesmo mercado.

Para que o investidor consiga retornos interessantes, ele deve buscar as ineficiências do mercado, explorando os ativos mal precificados na tentativa de encontrar barganhas que lhe garantirão retornos elevados.

CICLOS DO MERCADO: A PRÓXIMA RECESSÃO NORTE-AMERICANA ESTÁ CHEGANDO?

Suno Call 371 – 06/08/2019

É possível prever a chegada da próxima recessão? Veja como o ser humano se comporta diante dos ciclos do mercado.

Howard Marks, cofundador da Oaktree Capital Management, é um investidor bilionário e escritor norte-americano pelo qual sinto admiração. Para ele, uma das coisas mais importantes para um investidor é estar atento aos ciclos do mercado. Não por coincidência, ele é autor do livro *Dominando o ciclo do mercado*. Além disso, este também é um dos tópicos tratados em seu outro livro: *O mais importante para o investidor*.

Ciclos estão por toda parte

Como Marks afirma – e concordo –, nossa vida é feita de ciclos. Vários padrões e eventos emergem regularmente em nosso meio, influenciando nosso comportamento e nossas vidas.

De fato, o inverno é mais frio que o verão, o dia é mais claro que a noite. Por isso, planejamos passeios diferentes para o inverno e para o verão. Também trabalhamos e nos divertimos durante o dia, enquanto reservamos a noite para descanso.

Não obstante, acendemos luzes ao entardecer, e as apagamos durante o dia. Tiramos do armário as roupas de inverno quando ele se aproxima, e as roupas de praia quando é o verão que está chegando.

Assim, como de costume, o ser humano busca perceber padrões para tornar suas decisões mais fáceis e efetivas. Não é diferente no que diz respeito ao mercado: investidores buscam padrões históricos para tentar antever o que está para acontecer.

O período mais longo sem recessões

No momento em que escrevo este texto, estamos no 122º mês desde que a economia norte-americana deixou sua última recessão, em junho de 2009, entrando na fase de expansão, ou recuperação. Este momento é assustador para alguns norte-americanos, uma vez que a expansão mais longa de sua economia durou 120 meses. Trata-se de um novo recorde.

A mais longa expansão norte-americana da história

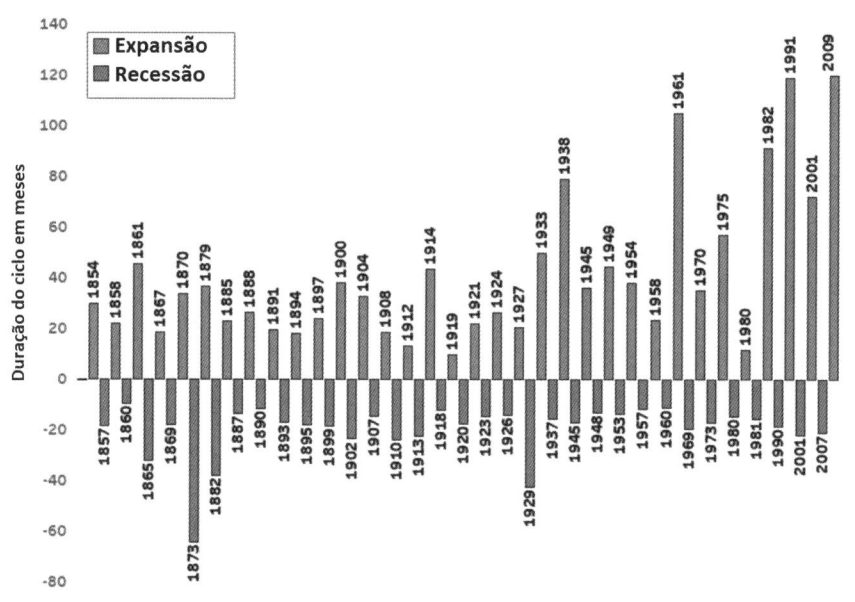

Gráfico com alternância dos ciclos de recessão e expansão na economia norte-americana entre 1854 e 2009 (fonte: CNBC / The National Bureau of Economic Research – NBER).

Neste cenário, aliado ao momento de máxima histórica, muitos começam a se perguntar se a próxima recessão norte-americana está por vir, e buscam saber também quando ela virá, já supondo que esteja próxima.

Há tamanho interesse na situação da economia norte-americana devido ao fato de que diversas economias ao redor do globo também serão fortemente impactadas caso ali aconteça uma eventual recessão.

Marks apenas afirma que "*sim*". Isto é, a economia norte-americana está caminhando para uma nova recessão. Também completa dizendo: "*pelo menos nunca poderão provar que estou errado*".[1]

---

1. Nota do editor: a crise provocada pela pandemia do Coronavírus, deflagrada no primeiro trimestre de 2020, confirmou o posicionamento de Marks.

As economias sempre apresentaram ciclos econômicos, e acredito no que diz Howard: eles sempre acontecerão. Recessões sempre virão após um ciclo de expansão, mas acontecerão e serão passageiras.

Podem ser observadas evidências que sugerem em qual etapa do ciclo a economia se encontra. No entanto, é impossível afirmar quando chegará a próxima etapa.

Então, o que pode levar às recessões?

Eventualmente, condições favoráveis levarão o público a se engajar em comportamentos baseados em suposições excessivamente otimistas. Deste modo, também eventualmente, o excesso de otimismo dessas suposições será exposto, causando um período de declínios para corrigir esses excessos.

Além disso, mesmo economias que não estão marcadas por excessos estão sujeitas a choques externos.

Independentemente de quando a próxima recessão norte-americana chegará, muitos assumem que ela, necessariamente, será tão ruim quanto a de 2008.

De fato, a geração atual vivenciou, majoritariamente, o *crash* das empresas ponto com e a forte crise de 2008. Deste modo, há uma certa tendência a esquecer as recessões anteriores, que foram mais brandas, lembrando apenas das mais recentes. Ao fazer isso, estamos ignorando o fato de que a próxima recessão pode ser relativamente leve.

Por fim, aproveito para observar que, embora não seja possível dizer quando, como e com qual intensidade a próxima recessão norte-americana virá, ao menos é possível afirmar que com ela também virão oportunidades. É importante, portanto, saber extrair proveito da situação, já que a recessão não pode ser evitada.

HOWARD MARKS E OS RACIOCÍNIOS DE SEGUNDA ORDEM – I

Suno Call 373 – 08/08/2019

Você sabe o que são Raciocínios de Segunda Ordem? Entenda o conceito e a importância deles para o investidor, segundo as ideias de Howard Marks.

Costumo citar o megainvestidor Howard Marks com certa frequência, pois acredito que sua sabedoria no campo dos investimentos é algo exemplar. Assim, abordarei um conceito que julgo muito importante para o sucesso de um investidor, assim como Howard também o considera.

Deste modo, introduzirei o conceito dos Raciocínios de Segunda Ordem, assunto do primeiro capítulo de seu livro *O mais importante para o investidor*.

A visão de Marks

No mundo dos investimentos, várias abordagens funcionam com frequência, mas nem sempre funcionarão. Nem mesmo os melhores investidores são capazes de acertar todas as vezes. Portanto, investimentos não podem ser tratados com base em um algoritmo.

As razões para isso são simples:

> *– Nenhuma regra funcionará para sempre;*

> *– Os cenários, em geral, não são controláveis e as circunstâncias raramente se repetem do mesmo jeito;*

> *– A psicologia humana tem um papel muito relevante nos mercados, de modo que relações de causa e efeito nem sempre são confiáveis.*

Para sustentar estas ideias, Marks afirma que é importante ter em mente que investir está mais próximo de ser uma arte do que uma ciência. Deste modo, enfatiza que é essencial que as abordagens de um investidor sejam intuitivas e adaptáveis, ao invés de engessadas e mecânicas.

Muitos almejam retornos superiores à média do mercado. No entanto, para que o investidor conquiste retornos superiores, são necessários raciocínios superiores, de acordo com Howard. Além disso, o autor ressalta que *contar com a sorte não faz parte do plano*".

Como a grande maioria dos investidores toma como prioridade o desejo de bater o mercado, é estabelecida uma *"vontade universal"*. Por isso, o fato de muitos indivíduos perseguirem um mesmo objetivo torna ainda mais difícil alcançá-lo.

Então, como alcançar os retornos acima da média?

Será capaz de alcançá-los o indivíduo que estiver um passo à frente dos demais, como em vários outros âmbitos da vida. Para isso, é necessário que o investidor seja capaz de exercer um pensamento crítico no que Marks chama de "Segunda Ordem".

Isto é, para atingir um retorno melhor que o do mercado, seu raciocínio deve ser também melhor do que o raciocínio dos demais. Adicionalmente, deve-se levar em consideração que outros investidores devem ser inteligentes, bem informados e altamente equipados. Então, deve-se encontrar uma vantagem que eles não possuem.

Você deve pensar no que os demais não pensaram. Deve encontrar aspectos que passaram despercebidos. Ou deve trazer um *insight* que os demais não foram capazes de compreender. É necessário agir diferente, bem como se comportar de maneira diferente.

Uma vez que para alcançar o sucesso você precisa estar mais certo que os demais, por definição, seu raciocínio precisa ser diferente, o que nos leva a introduzir os *"Raciocínios de Segunda Ordem"*, como chamados pelo autor.

O que é um Raciocínio de Segunda Ordem?

O Raciocínio de Primeira Ordem diz: *"é uma boa companhia; vamos comprar sua ação"*. Por outro lado, o Raciocínio de Segunda Ordem leva em conta: *"de fato, é uma boa companhia, mas todos pensam que ela é uma excelente companhia, e não é. Portanto, a ação está precificada em patamares muito elevados; vamos vendê-la"*.

Continua...

HOWARD MARKS E OS RACIOCÍNIOS DE SEGUNDA ORDEM – II

Suno Call 374 – 09/08/2019

Dando continuidade sobre os Raciocínios de Segunda Ordem, de acordo com Howard Marks, apresentarei outros dois exemplos que ele traz quando aborda o assunto.

- O Raciocínio de Primeira Ordem diz: *"a previsão indica baixo crescimento e inflação crescente. Vamos vender nossas ações"*. Enquanto isso, o Raciocínio de Segunda Ordem diz: *"a previsão não é otimista, mas todos estão vendendo em pânico. Vamos comprar!"*.

- O Raciocínio de Primeira Ordem diz: *"acredito que os lucros da companhia irão cair; venderei as ações"*. Por outro lado, o Raciocínio de Segunda Ordem indica: *"acredito que os lucros da companhia irão cair menos do que as pessoas esperam, e a surpresa levantará o preço das ações; comprarei as ações".*

Creio que já ficou clara a diferença. O Raciocínio de Primeira Ordem é rápido, simplista e superficial, em linha com o senso comum. Geralmente, o que se busca com esse tipo de pensamento são fórmulas e respostas fáceis, focando na resolução imediata de um problema, sem ponderar as consequências.

Já o Raciocínio de Segunda Ordem trata de algo mais profundo e complexo. Um indivíduo que pensa desta maneira leva vários outros aspectos em consideração e tem a consciência de que o sucesso nos investimentos se dá justamente pelo contrário do que é simples.

A princípio, o Raciocínio de Primeira Ordem pode parecer tolo. No entanto, o cérebro humano tende a procurar a solução mais fácil, de modo que, muitas vezes, sentimos dificuldade em levar o raciocínio para passos à frente de nossa conclusão inicial.

Carros e consequências de Segunda Ordem

Numa discussão deste mesmo assunto, Benedict Evans escreveu um artigo que explora o que deveria acontecer no cenário econômico se os carros convencionais fossem substituídos por carros autônomos ou se os carros a gasolina fossem substituídos por carros a bateria.

Evans explicita alguns aspectos de Primeira Ordem óbvios. Ele aponta que metade da produção global de petróleo é destinada à produção de gasolina. A implantação de veículos elétricos reduziria o consumo de gasolina. Em seguida, ele explora como as mudanças nas tecnologias relacionadas à direção e ao abastecimento podem ter consequências que vão desde estacionamento e acidentes até o consumo de cigarros.

Neste caso, vale destacar que metade das vendas de cigarros nos Estados Unidos ocorre nos postos de gasolina. Além disso, existem indicativos que mostram que a compra de cigarros acontece com base no impulso, de modo que, se o produto não estiver na frente do consumidor, ele se torna menos propenso a comprá-lo.

O impacto nas vendas e no consumo de cigarros é, portanto, um efeito que seria percebido a partir de um Raciocínio de Segunda Ordem.

Como empregar o Raciocínio de Segunda Ordem?

Marks ressalta que o indivíduo que se utiliza deste tipo de raciocínio leva em consideração uma série de questões, como:

– Qual o alcance provável dos resultados futuros?

– Qual resultado eu acredito que ocorrerá?

– Qual a probabilidade de que eu esteja correto?

– O que o consenso pensa?

– Como a minha expectativa difere do consenso?

– Como o preço atual do ativo se comporta com a visão futura do consenso? E com a minha?

– A psicologia do consenso é incorporada ao preço?

– O que acontece com o preço do ativo se o consenso se torna verdadeiro? E se a minha opinião se tornar verdadeira?

Deste modo, podemos elaborar alguns aspectos-chave para exercitar este raciocínio mais elaborado. É necessário questionar tudo que for possível, envolver outras pessoas, pensar no longo prazo, não descartar opções rapidamente e o mais importante: continuar praticando.

O Raciocínio de Segunda Ordem é um comportamento fundamental que deve ser incorporado por um investidor que deseja ter sucesso em sua carreira. Trata-se de uma habilidade que não só é possível de ser exercitada, como deve ser praticada.

HOWARD MARKS: ESTEJA ATENTO AOS CICLOS DO MERCADO – I

Suno Call 392 – 04/09/2019

Howard Marks é um excelente investidor que possui um vasto conhecimento a respeito dos ciclos de mercado. Em minha visão, trata-se de uma das maiores autoridades no assunto. Não é à toa que um de seus livros é intitulado *Dominando o ciclo de mercado*.

O lendário investidor busca sempre mostrar a ideia de que é essencial lembrar que quase tudo é cíclico, sendo adequado manter uma dose de atenção para esse aspecto.

Nada vai em uma única direção para sempre. Árvores não crescem até o céu e poucas coisas chegam a zero. Marks ainda ressalta que existem poucas coisas tão nocivas à saúde do investidor quanto a insistência em extrapolar os acontecimentos do presente para o futuro.

Em novembro de 2001, Howard se apropriou da frase de uma propaganda da companhia de seguros MassMutual Life para dar como título a um de seus memorandos:

"Você não pode prever. Você pode se preparar."

De fato, nunca sabemos o que vem pela frente, mas podemos nos preparar para certas possibilidades, reduzindo os danos.

No campo dos investimentos também é assim: podemos ter certeza sobre poucas coisas. Eventualmente, os valores podem simplesmente desaparecer. As estimativas podem estar erradas. As circunstâncias são perfeitamente mutáveis. Por fim, até mesmo as coisas sobre as quais temos certeza podem falhar. Marks, no entanto, traz dois conceitos aos quais podemos nos ater com confiança:

– Regra número um: a maioria das coisas se provará cíclica;

– Regra número dois: algumas das maiores oportunidades de ganhos e perdas são originadas a partir de indivíduos que se esquecem da regra número um.

Diferentemente de máquinas – que podem se mover continuamente, estáveis, em uma direção –, os seres humanos são emocionais e inconsistentes. Essa é a razão principal da ciclicidade: o envolvimento dos seres humanos. Portanto, geralmente, tudo que os inclui será variável e cíclico.

Otimismo: a parte de subida do ciclo

Quando os indivíduos sentem que tudo vai bem, com perspectivas otimistas para o futuro, seus comportamentos são fortemente impactados. Via de regra, os gastos aumentam e o ato de poupar é ligeiramente ignorado. É uma busca pela satisfação por meio do aumento no consumo, aproveitando o momento propício.

Trata-se do início da parte de subida do ciclo de crédito. Este é o ciclo favorito de Howard Marks. Ele ressalta que é necessária uma pequena flutuação na economia para produzir uma grande flutuação na disponibilidade de crédito. Essa disponibilidade é capaz de impactar o preço dos ativos e a própria economia em si.

Capaz de criar inúmeras oportunidades para investidores que estejam atentos, este ciclo funciona com base no seguinte processo:

– Um período de prosperidade se inicia;

– Bancos e outras instituições financeiras desenvolvem uma base de capital mais sólida;

– A escassez de notícias ruins faz com que os indivíduos acreditem que os riscos diminuíram;

– A aversão ao risco começa a desaparecer;

– Instituições financeiras começam a disponibilizar mais capital;

– Também passam a competir, reduzindo taxas de juros, reduzindo padrões de crédito e fornecendo empréstimos mais elevados.

No entanto, em algum momento os pontos extremos são atingidos.

Continua...

HOWARD MARKS: ESTEJA ATENTO AOS CICLOS DO MERCADO – II

Suno Call 393 – 05/09/2019

No ponto extremo de uma subida de ciclo, surgem ocorrências de grandes empréstimos para devedores ruins:

"Os piores empréstimos são feitos nos melhores momentos."

Trata-se do momento em que o capital começa a ser destruído, pois são realizados investimentos em projetos cujo custo de capital é maior do que o retorno. A partir daí, o ciclo começa a se reverter. O processo de descida do ciclo é descrito nas seguintes etapas:

– Perdas desencorajam os responsáveis pelos empréstimos;

– A aversão ao risco cresce e, com ela, as taxas de juros e restrições de crédito;

– Menos capital fica disponível, de modo que, ao final do ciclo, apenas os mais qualificados podem tomar empréstimos;

– Muitas companhias começam a precisar de capital. Devedores passam a não conseguir honrar suas dívidas, levando a default *e falências;*

– O processo é estabelecido, gerando uma contração na economia.

De fato, chega-se agora ao outro extremo, de modo que, novamente, o ciclo se reverte. Cabe notar, portanto, que os ciclos se autocorrigem, com base nos processos descritos para a subida e a descida, sem depender de fatores externos.

Todos estes aspectos que comentei, desde o texto anterior, foram abordados por Marks em seu memorando, escrito em 2001. Ainda assim, os processos citados por ele descrevem perfeitamente a crise financeira vivenciada no período de 2007 a 2008.

A ciclicidade é inevitável

Ciclos sempre acontecerão. Marks afirma que o único caso em que teriam a chance de não acontecer seria diante de um mercado completamente eficiente, no qual todas as pessoas tomassem decisões calculadas e sem envolvimento de emoções.

No entanto, isto não acontece. Portanto, os investidores sempre estarão propensos a supervalorizar companhias em tempos otimistas, e a desvalorizá-las em tempos difíceis.

Além disso, de tempos em tempos, quando uma subida ou descida do ciclo dura um tempo considerável, muitos se arriscam a dizer que a ciclicidade deixou de existir. Trata-se de uma suposição que se baseia na famosa (e capciosa) premissa:

"Desta vez é diferente."

Segundo Sir John Templeton, essas são as quatro palavras mais perigosas do mundo dos investimentos.

Neste sentido, buscando comprovar essa tese, são citadas mudanças geopolíticas, institucionais, tecnológicas e, até mesmo, comportamentais. Assim, muitos investidores se deixam levar por esse pensamento. Mas, no final das contas, as regras anteriores ainda são válidas e os ciclos recomeçam.

Ignorar a existência dos ciclos, extrapolando tendências do presente para o futuro, é um dos comportamentos mais perigosos que um investidor pode adotar. Muitos investidores agem como se as companhias, individualmente, fossem manter para sempre a mesma direção de movimento.

Investidores novatos eventualmente aceitarão que algo que nunca aconteceu antes – ciclos deixarem de existir – possa acontecer. No entanto, ao experienciar pela segunda ou terceira vez o início e o fim de novos ciclos, provavelmente perceberão que eles sempre existirão. Cabe ao investidor fazer desta percepção uma vantagem.

Howard Marks adverte, de maneira extremamente sábia:

"Na próxima vez em que você for abordado com uma oferta que diz que os ciclos não acontecerão mais, lembre-se de que, invariavelmente, essa será uma aposta perdedora."

HOWARD MARKS: ESTAMOS VIVENDO UMA BOLHA?

Suno Call 466 – 19/12/2019

Howard Marks é um investidor em valor bastante renomado globalmente. Com seu meio século de experiência no mercado, já passou por muitas situações diferentes e adquiriu conhecimentos muito relevantes, sobretudo no que diz respeito aos ciclos do mercado.

Marks é autor do livro *Dominando o ciclo de mercado*, que, de fato, é um compilado do seu vasto conhecimento desse assunto. Além disso, também vale dizer que Howard é cofundador do Oaktree Capital.

Apesar de comprar participações em empresas, Marks foca seus investimentos, majoritariamente, em títulos de dívidas corporativas. Isto é, ele prefere comprar títulos de dívida das companhias, baseando-se em sua análise de risco de crédito, aliada a uma análise fundamentalista dos negócios. O lendário investidor desenvolveu, ao longo do tempo, uma boa capacidade de enxergar a atividade especulativa em ações.

Em uma entrevista à Bloomberg em novembro de 2019, Howard falou a respeito de um comportamento que ele acredita caracterizar a grande maioria das bolhas econômicas.

Como identificar uma bolha?

Marks diz que a dificuldade não é enxergar a bolha, mas descobrir quando irá estourar.

Em dezembro de 2017, o rápido crescimento do preço do Bitcoin levou quase todos os observadores racionais a concluir que o mercado de criptomoedas estaria experienciando uma bolha.

Entretanto, apenas essa percepção por si só não foi capaz de impedir que vários indivíduos perdessem dinheiro apostando na queda da moeda. Isto é, muitos que tentaram operar vendidos no Bitcoin – acreditando que o preço estava em patamares tão elevados que a única saída possível seria a queda – não alcançaram os resultados desejados, pois o preço continuou a subir, encerrando as operações desses indivíduos e levando-os a prejuízo.

Por fim, de acordo com o líder do Oaktree Capital, todas as bolhas são caracterizadas por uma crença de que os ativos que estão inflados são tão bons, com tantos méritos, que qualquer preço é razoável – como se não existissem preços altos.

Estamos em uma bolha no momento?

O círculo de competência de Howard Marks gira em torno do mercado norte-americano e, como este mercado é um dos que mais impacta os demais ao redor do mundo, é dele que falaremos.

Marks destaca que faz mais de dez anos (2009 a 2019) que a economia e o mercado enxergam praticamente apenas ganhos. Por isso, um fato observado é que, principalmente com as baixas taxas de juros, investidores institucionais estão buscando agressivamente ativos mais arriscados, pois precisam fazer isso para conseguir seus retornos significativos.

Assim, o bilionário acredita que muitos dos ativos acabaram sendo levados para cima, devido à alta procura, de modo que grande parte deles está sendo vendida por preços acima do valor intrínseco. Muitos dos mercados estão cheios de capital.

Marks considera, portanto, que não estamos em uma bolha, uma vez que a situação não está "beirando a loucura". Entretanto, ele também ressalta sua crença de que estejamos em estágios avançados de um ciclo bastante positivo.

Em outras palavras, o fato de o mercado não estar cheio de barganhas não significa que estejamos em uma bolha. Estamos em um estágio do ciclo do mercado no qual encontrar oportunidades claras de investimento está mais difícil, mas não impossível.

CONTROLE SUAS EMOÇÕES NOS INVESTIMENTOS

Suno Call 515 – 05/03/2020

Num momento em que a volatilidade do mercado se encontra mais alta, como no cenário estabelecido pela pandemia do Coronavírus em 2020, considero importante endereçar algumas visões a respeito do papel da emoção no mundo dos investimentos.

Por natureza, o ser humano é um ser emocional. De fato, a vida não seria interessante sem as emoções. Ainda assim, existem certos âmbitos em que as emoções "naturais" de um ser humano causam mais danos do que benefícios. Os investimentos constituem um desses campos.

É importante notar que a própria existência de ciclos econômicos, depressões e bolhas é uma evidência de que o mercado de ações é guiado fortemente por emoções, não pela razão de pessoas frias e calculistas.

Alguns investidores que são autoridades no assunto têm sábios ensinamentos a nos passar. Howard Marks é um dos que mais admiro neste quesito. Marks acredita que o temperamento natural de um indivíduo é um fator determinante para definir o quão emocional ele será nos investimentos. Ele ilustra essa ideia da seguinte maneira:

> *"Como dizem no basquete: você não pode ensinar alguém a ser mais alto. Não importa quão bom seja um técnico, seus jogadores não ficarão mais altos."*

Com isso, Marks quer dizer que não podemos alterar nossa natureza, mas podemos empregar esforços conscientes para sermos investidores menos suscetíveis aos perigos das irracionalidades provocadas pelas emoções.

Portanto, é de extrema importância que o investidor atue de maneira ativa e consciente para melhorar o controle de suas emoções, além de aprender os momentos adequados para realizar tomadas de decisão. Não basta apenas pensar em melhorar, é necessário agir, implementando esses entendimentos. Não é algo fácil – se fosse, todos já o fariam.

Talvez, para algumas pessoas que estejam começando a atuar nesse aspecto, um método interessante seja manter um registro escrito e objetivo sobre o processo de seus investimentos. Assim, é possível identificar as partes em que as decisões foram tomadas em momentos inadequados, sob emoções.

Neste sentido, podemos indagar: por que muitas pessoas cometem os mesmos erros repetidamente? Como tanta gente pode estar errada ao mesmo tempo? Acredito que, provavelmente, trata-se de uma questão biológica.

Nosso comportamento foi moldado ao longo de milhares de anos. Ainda temos muitos instintos que foram desenvolvidos em épocas muito diferentes desta em que vivemos.

Por exemplo, na Idade da Pedra, se você visse um monte de humanos correndo na direção oposta à sua, provavelmente seria interessante mudar de direção e correr com eles, evitando alguma ameaça detectada pelo grupo. Este impulso natural que temos, de seguir as tendências, está enraizado nesse comportamento moldado ao longo de muitos e muitos anos de evolução.

Vários investidores que não são profissionais sofrem com esse ponto, pois geralmente não possuem tempo para examinar minuciosamente suas tomadas de decisão. Ainda assim, profissionais também enfrentam seus próprios conjuntos únicos de vieses e pressões.

Como explicar um fenômeno como a Bolha das Tulipas, quando as pessoas estavam dispostas a vender suas casas para comprar uma flor? Para mim, esse é o exemplo perfeito de que os mercados são, de fato, regidos pelas emoções. Embora essa bolha tenha ocorrido há cerca de 400 anos, coisas similares acontecem ainda hoje.

Portanto, todas as vezes que você sentir um impulso para comprar a ação da moda, ou quando sentir medo de não conseguir surfar a onda, faça o seguinte questionamento para si mesmo:

> – *Isso faz sentido, ou meu cérebro está agindo como se estivesse na Idade da Pedra?*

Exercite o controle de suas emoções, pois ele é fundamental para o sucesso no longo prazo.

HOWARD MARKS: *"NINGUÉM SABE"*

Suno Call 517 – 09/03/2020

Em períodos de incerteza, a volatilidade alta costuma desafiar alguns investidores, ainda mais quando determinadas empresas podem, de fato, estar em xeque. Por isso, devemos buscar as boas empresas, que sejam capazes de atravessar as turbulências e prosperar no longo prazo. Em tempos assim, sempre gosto de buscar o respaldo de investidores consagrados no mercado. Um deles é Howard Marks.

Em março de 2020, Marks publicou um memorando com seus pensamentos a respeito do cenário do mercado, à medida que o pânico se instaurava devido à propagação global do Coronavírus. Compartilho algumas partes interessantes desse documento.

"Ninguém Sabe"

O documento é intitulado *"Nobody Knows II"* (em português, "Ninguém Sabe II"). No começo dele, Marks já explica a referência de 2008, quando, após a falência do Lehman Brothers, utilizou esse título pela primeira vez.

O investidor destaca que vem recebendo muitas perguntas a respeito de sua opinião sobre o Coronavírus, mas que qualquer coisa dita por ele não seria nada além de meros "chutes". Por isso, escreveu esse memorando para expor sua visão, sem a intenção de fazer quaisquer previsões, mas apenas dar sua opinião.

Como é a primeira aparição do vírus, Marks ressalta que muitas questões permanecem sem uma resposta bem definida. Ainda é difícil tentar fazer qualquer estimativa a respeito dos efeitos na economia e de como o mercado reagirá.

> *"Como a reação dos mercados é uma função tanto da economia quanto da emoção, parece impossível quantificar o quão longe ele pode ir."*

Impacto econômico

Acerca do impacto econômico, Marks enfatiza a interrupção das atividades de uma das partes essenciais da cadeia de suprimentos global. Neste sentido, ele exemplifica:

> *"A indisponibilidade de um pequeno componente chinês pode interromper a produção de uma parte maior de um determinado equipamento. E basta faltar uma única peça, a não ser que existam fontes alternativas. Realocar essas fontes será um desafio: levará tempo e não há garantia de que as novas localidades não serão alcançadas pela doença."*

Reação dos investidores

O bilionário ilustra de maneira simplificada o raciocínio de muitos investidores à luz dos eventos relacionados à pandemia do Coronavírus. Ele diz que muitos pensam da maneira "mais fácil":

"(a) a doença é perigosa; (b) ela afetará negativamente os negócios; (c) ela já desencadeou reações severas até então; (d) não temos como saber até onde as quedas chegarão; (e) então, devemos vender para evitar maiores perdas".

No entanto, Marks destaca que nada contido em tal raciocínio significa que vender é necessariamente a coisa certa a fazer.

"O que realmente importa é se as quedas nos preços são proporcionais aos declínios nos fundamentos."

O que fazer?

É impossível saber se o mercado continuará a cair. Marks assinala que não temos a resposta para várias questões cruciais que nos permitiriam decidir inteligentemente o caminho mais provável que o mercado seguiria. Portanto, temos que investir de maneira racional, sempre tomando como base a relação entre preço e valor.

Ao invés de nos perguntarmos se o colapso continuará, devemos entender se o mercado fez com que vários ativos fossem precificados num patamar interessante, diante dos seus fundamentos.

"Comprar, vender ou segurar?"

Marks entende que é justo comprar alguns ativos que estejam baratos. No entanto, não há justificativa para gastar toda a reserva de oportunidade, já que não temos ideia de quão negativos serão os eventos futuros.

As ações podem mudar o rumo e voltar a caminhar para cima, então você será grato por ter aproveitado algumas oportunidades. Por outro lado, elas também podem continuar caindo. Neste caso, você terá dinheiro para comprar mais.

"Ninguém pode te dizer que esta é a hora de comprar. Ninguém sabe."

TENHA CONSCIÊNCIA DE QUE O MERCADO ANDA EM CICLOS

Suno Call 525 – 19/03/2020

Em momentos de quedas no mercado, é essencial ter uma visão para o longo prazo. Isso pode parecer difícil quando estamos no olho do furacão. De fato, a crise gerada pelo Coronavírus ainda aparenta estar longe de acabar. O pânico se instalou e tomou conta de vários participantes do mercado. Por causa disso, também vemos um ambiente de grande volatilidade.

Muitos dos novos entrantes da Bolsa ainda não haviam enfrentado algo similar. No entanto, gestores com algumas décadas de experiência certamente já passaram por situações de grande estresse do mercado.

Nestes tempos de incerteza, acredito que faz bastante sentido voltarmos no tempo, lendo cartas antigas de investidores, artigos e conferências, todos inseridos no contexto de outras crises.

Assim, podemos ter mais clareza no pensamento à medida que relembramos que essas situações acontecem periodicamente, sendo crucial manter a calma quando elas chegam.

Para mim, uma das grandes autoridades nos ciclos do mercado é Howard Marks. Além de ser autor de um livro sobre o assunto, Marks também já escreveu diversos memorandos aos investidores da Oaktree Capital e fez bilhões de dólares focando seus investimentos em títulos de dívidas de empresas, normalmente com um risco mais elevado (fazendo a diligência adequada).

Os memorandos de Howard Marks são excelentes para enxergarmos sob a ótica de um investidor bastante experiente. Hoje, trarei alguns pontos de um desses documentos, publicado em 2009, intitulado *"The Long View"* ("A Visão Longa" – numa tradução livre).

Nesse memorando, Marks resume os eventos que tumultuaram os períodos anteriores à publicação do documento (eventos atrelados à crise de 2008). O investidor também encoraja os leitores a aprender lições com a crise:

> *"Como de costume, algumas das mais importantes lições dizem respeito a (A) estudar e lembrar os eventos do passado e (B) ser consciente da natureza cíclica das coisas."*

Marks ressalta que os investidores devem *"dar um passo atrás para ampliar seu campo de visão"*. Assim, passamos a ser capazes de olhar a história por completo, identificando seus ciclos. A partir daí, começamos a entender e enraizar em nossas mentes que o ciclo do longo prazo se repete.

Com muita experiência, o investidor também pode se tornar capaz de identificar de forma aproximada em qual parte do ciclo ele se encontra, permitindo que tome decisões mais inteligentes.

> *"Existem tempos em que os investidores estarão dispostos a se arriscar muito. Em outros, terão muita aversão ao risco. Eles se esquecerão de manter o ceticismo quando as coisas forem bem por um longo período, da mesma maneira como farão muitos questionamentos e hesitarão muito quando eventos derrubarem o preço das ações (e a mente de vários investidores)."*

Marks destaca que dois anos antes dessa sua fala (ou seja, em 2007), os investidores estavam pulando de cabeça em diversos investimentos, com o único receio de que perderiam grandes ganhos se não o fizessem. Porém, em 2009, esses mesmos investidores estavam colocando dinheiro embaixo do colchão, com medo das perdas.

Em tempos como estes que estamos vivendo, devemos ter em mente que a parte mais crucial do jogo é minimizar o risco de perda permanente de capital. E o único jeito de fazermos isso é buscar a minimização do *downside*, ao invés de perseguir lucros.

É impossível evitar as quedas, uma vez que o mercado funciona em ciclos. Mas, daqui a dez ou vinte anos, os investidores que conseguirem atravessar as tempestades de curto prazo ao longo do caminho deverão colher bons frutos.

Deixar as emoções guiar suas decisões de investimentos não é uma estratégia interessante. Devemos sempre utilizar abordagens racionais, entendendo como o mercado funciona e estando mentalmente preparados para as situações adversas.

POSSÍVEIS ROTAS PARA SE ALCANÇAR BONS RETORNOS NOS INVESTIMENTOS

Suno Call 544 – 16/04/2020

Um dos investidores com quem mais aprendo é Howard Marks. Ele é um *expert* nos ciclos do mercado e tem décadas de experiência. Por isso, fornece boas visões sobre o momento em que estamos vivendo agora. Em um de seus livros, intitulado *O mais importante para o investidor*, no capítulo dedicado à discussão da relação entre preço e valor, Marks nos diz para considerar quatro rotas possíveis para obter lucro em um investimento.

A primeira delas é se beneficiar do aumento no valor intrínseco de um ativo.

No entanto, esse aumento é difícil de prever de maneira acurada. Além disso, geralmente, o preço da ação já embute as expectativas futuras que estão no senso comum. Deste modo, é provável que você já esteja pagando pelo potencial aumento, caso não tenha nenhuma visão diferenciada. Por isso, é necessário pensar além do racional da maioria.

A segunda maneira é utilizar a alavancagem.

Neste ponto, Marks nos traz uma reflexão importante, esclarecendo que a utilização de empréstimos não faz um investimento ser melhor, nem aumenta a probabilidade dos ganhos. A alavancagem meramente intensifica os retornos positivos ou negativos que venham a se materializar. É válido lembrar que, embora muitas vezes seja associada a altos retornos, a alavancagem também está associada a colapsos e quebras espetaculares.

A terceira maneira é vender acima do preço pelo qual você adquiriu.

De fato, todos esperam que um comprador apareça e esteja disposto a pagar além do preço que você pagou. Entretanto, não podemos contar com a existência desse eventual comprador, nas condições desejadas.

Por fim, a quarta maneira seria comprar um ativo por um preço menor do que ele vale.

Segundo Marks, este é o principal meio para um investidor ganhar dinheiro. Comprar algo descontado do seu valor intrínseco e ter seu preço se movendo em direção ao seu valor não requer acaso. Requer apenas que o mercado e seus participantes acordem para a realidade.

De todas as rotas possíveis, comprar barato é claramente a maneira mais confiável. No entanto, não dá para ter certeza de que isso vai dar certo. Podemos estar errados sobre o valor atual, podem ocorrer eventos que reduzam o valor ou até mesmo o tempo de convergência para o seu valor intrínseco pode ser maior do que você espera.

Portanto, comprar abaixo do valor intrínseco não é infalível, mas, ainda assim, é a melhor opção que temos. Sobre este último ponto, Marks relembra a frase de John Maynard Keynes:

"O mercado pode permanecer irracional por mais tempo do que você possa se manter solvente."

Com isso, vários jovens investidores são levados a acreditar que estão errados quanto ao seu julgamento sobre o valor intrínseco.

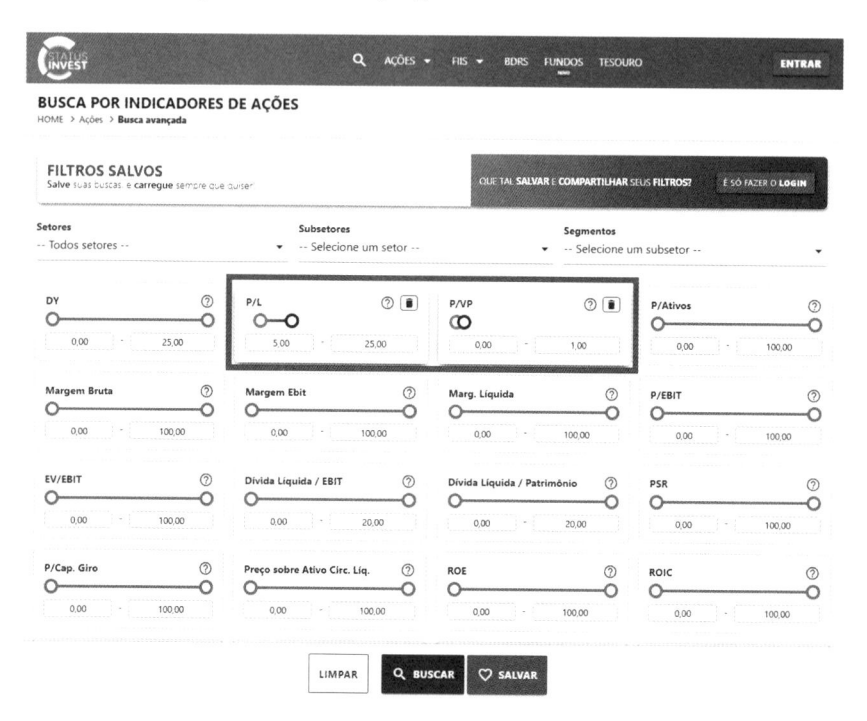

Não existe um indicador fundamentalista que, isoladamente, possa aferir que uma ação esteja cotada abaixo de seu valor intrínseco. No entanto, num filtro inicial de análise, podemos partir de uma referência adotando a relação P/VP, que mede o preço da ação dividido pelo valor patrimonial da ação. Neste exemplo de busca por ações brasileiras, adotamos o intervalo entre "0,00" e "1,00" no campo "P/VP" da plataforma Status Invest, pois resultados inferiores a "1,00" significam que a ação está cotada abaixo de seu valor patrimonial. Para evitar distorções, adotamos também o intervalo entre "5,00" e "25,00" no campo "P/L", que mede o preço da ação dividido pelo lucro da ação (fonte: https://statusinvest.com.br/acoes/busca-avancada – *link* acessado em 19/11/2020).

≡ RESULTADO DA BUSCA

TICKER		PREÇO	P/L	DY	P/VP
	BEES3 →	R$ 5,10	7,41	4,60	0,98
	GGBR3 →	R$ 17,55	21,30	0,85	0,97
	MTSA4 →	R$ 28,33	5,34	2,82	0,93
Enauta	ENAT3 →	R$ 10,23	7,86	11,17	0,93
	CSMG3 →	R$ 51,45	8,12	3,64	0,91
	LIPR3 →	R$ 15,48	5,58	0,00	0,91
	GOAU4 →	R$ 9,62	19,77	0,94	0,90
	BBAS3 →	R$ 34,87	6,25	5,45	0,89
	EMAE3 →	R$ 25,35	8,35	2,82	0,88
	BMEB4 →	R$ 16,27	6,34	4,22	0,87
	BMEB3 →	R$ 15,98	6,23	3,90	0,85
	BRSR5 →	R$ 17,00	8,50	2,62	0,83
	MERC4 →	R$ 11,42	19,82	4,33	0,83
	ELET5 →	R$ 39,01	7,61	5,89	0,81
	GOAU3 →	R$ 8,28	17,02	1,09	0,78

15   ▾   ‹ **1** 2 3 4 ›

A busca feita a partir dos parâmetros anteriormente citados resultou em 48 resultados, dos quais ordenamos os 15 primeiros a partir do P/VP mais alto, uma vez que um P/VP próximo de zero pode significar que a empresa atravessa severas dificuldades. Neste exemplo, a quarta colocada chamou a atenção pelo elevado *Dividend Yield*: a Enauta Participações (ENAT3) apresentou um DY superior a 11% em 2020 (fonte: https://statusinvest.com.br/acoes/busca-avancada – *link* acessado em 19/11/2020).

Podemos trazer essa reflexão para o momento econômico pelo qual estamos passando. O mercado, em sua irracionalidade, precifica de maneira injusta os ativos e pode permanecer assim por um determinado tempo. Dessa forma, muitos investidores são levados a crer que estão errados em seu julgamento sobre o valor.

Marks ainda aponta que a visão do investidor sobre o valor intrínseco tem um papel importante na formação da base da sua convicção, ajudando-o a permanecer até que o mercado chegue a um acordo, fixando o preço do ativo onde ele deveria estar.

Creio que podemos extrair ensinamentos valiosos dos pensamentos de Marks: a melhor forma de se auferir lucros no mercado de capitais é comprando um ativo abaixo do seu valor intrínseco. Por mais irracional que o mercado pareça estar, você deve permanecer convicto de suas premissas e esperar, pois, quando ele voltar aos patamares normais, terá os retornos desejados.

INDICADORES DA ENAT3 ®

INDICADORES DE VALUATION

P/L **		EV/EBITDA **		P/VP **		EV/EBIT **		P/EBITDA **		P/EBIT **	
7,86	⑦	-	⑦	0,93	⑦	3,04	⑦	-	⑦	6,93	⑦
VPA **		P/ATIVO **		LPA **		P/SR		P/CAP. GIRO		P/ATIVO CIRC. LIQ. **	
11,04	⑦	0,59	⑦	1,30	⑦	2,34	⑦	1,86	⑦	-1,06	⑦

INDICADORES DE ENDIVIDAMENTO

DÍV. LÍQUIDA/PL **		DÍV. LÍQUIDA/EBITDA **		DÍV. LÍQUIDA/EBIT **		PL/ATIVOS		PASSIVO/ATIVOS		LIQ. CORRENTE **	
-0,52	⑦	-	⑦	-3,87	⑦	0,64	⑦	0,36	⑦	3,72	⑦

INDICADORES DE EFICIÊNCIA / INDICADORES DE RENTABILIDADE / INDICADORES DE CRESCIMENTO

M. BRUTA **		M. EBITDA **		ROE **		ROA **		CAGR RECEITAS 5 ANOS		CAGR LUCROS 5 ANOS	
33,40%	⑦	-%	⑦	11,79%	⑦	7,56%	⑦	17,18%	⑦	2,03%	⑦
M. EBIT **		M. LÍQUIDA **		ROIC **		GIRO ATIVOS					
33,74%	⑦	29,77%	⑦	9,01%	⑦	0,25	⑦				

Neste exemplo, já sabemos que os indicadores de *Valuation* da Enauta Participações (ENAT3) são interessantes, com P/L de 7,86 e P/VP de 0,93. Observando os demais indicadores, constatamos que o endividamento da empresa está controlado, com a dívida líquida em relação ao patrimônio líquido em -0,52 (o que significa que a empresa tem mais caixa do que dívida). No quesito da eficiência, a margem líquida é relativamente alta: 29,77%. Em termos de rentabilidade, o ROE é claramente positivo: 11,79%. Já nos indicadores de crescimento, embora o CAGR das receitas nos últimos 5 anos seja de 17,18%, os lucros aumentaram apenas 2,03% no mesmo período. De todo modo, trata-se de uma empresa que merece um acompanhamento de perto, com o prosseguimento da análise após os filtros iniciais (fonte: https://statusinvest.com.br/acoes/enat3 – *link* acessado em 19/11/2020).

HOWARD MARKS: PERSPECTIVAS SOBRE O FUTURO

Suno Call 563 – 15/05/2020

Howard Marks ocupa uma das principais posições na minha lista de investidores favoritos. O investidor bilionário publica periodicamente, desde 1990, memorandos aos investidores da Oaktree Capital, gestora de investimentos que ele ajudou a fundar. São cartas que trazem um conteúdo muito enriquecedor.

Nos últimos tempos, Marks escreveu um número recorde de memorandos. Em tempos de incerteza, não tenho dúvidas de que seus textos tranquilizaram muitos investidores. Pela grande experiência que Marks tem, seus ensinamentos sempre serão bem-vindos. Relatarei um pouco sobre um assunto comum a todos esses últimos memorandos que ele publicou em meio à pandemia do Coronavírus: o futuro é incerto.

Ninguém sabe como essa crise irá terminar ou quando a próxima irá começar. O que podemos fazer é nos preparar para enfrentar o pior (caso ele venha), ao mesmo tempo em que aproveitamos quando uma boa oportunidade passa na nossa frente.

É claro que isso requer uma certa capacidade de fazer previsões. Afinal, para encontrar ativos subvalorizados, os investidores precisam saber estimar os fluxos de caixa futuros e, para isso, precisam antever algumas tendências futuras. Para estar à frente do mercado, você precisa saber algo que os outros não sabem ou estar em um segmento pouco visado.

Em seu último memorando, Marks diz que *"apenas previsões acima da média levam a resultados acima da média"*. No entanto, é muito difícil fazer previsões acima da média, pois vários investidores estão tentando fazer exatamente a mesma coisa.

Além disso, ele aponta uma das principais razões pelas quais as previsões tendem a ser tão ruins: *"poucas pessoas se contentam em investir aceitando o desconhecimento em relação ao futuro macro"*. Em outras palavras, a maioria dos analistas e investidores tem uma visão do futuro baseada em seus próprios vieses.

Segundo Marks, ignorar ou negar vieses pode ser um dos maiores erros de um investidor. Um dos vieses que tem maior influência no sentimento dos investidores é o de confirmação:

> *"Nossos vieses podem ser traiçoeiros, bastante influentes. Quando leio artigos sobre o quão difícil será providenciar exames adequados à Covid-19 ou conseguir suporte aos pequenos negócios, fico satisfeito em ver minhas opiniões cautelosas sendo reforçadas, na medida em que incorporo essas coisas aos meus pensamentos. No entanto, quando escuto sobre os benefícios de reabrir a economia, ou a possibilidade de imunidade coletiva, sinto facilidade em levantar contra-argumentos que deixam minhas preocupações evidentes. Trata-se de um exemplo claro do viés de confirmação."*

Ou seja, tendemos a aceitar, majoritariamente, aquilo que confirma nossas crenças.

Portanto, no âmbito dos investimentos, o viés de confirmação é o desejo dos investidores em buscar informações que validem suas visões existentes, ao invés de ter uma visão balanceada de todos os fatos disponíveis para chegar a uma conclusão adequada.

Superar esse viés não é algo simples. Não se trata de algo que possa ser ligado e desligado. De qualquer forma, é mais fácil conseguir controlá-lo se você entender esse conceito. Marks propõe algumas diretrizes para que investidores lidem com esse problema. No entanto, trarei o processo que Charlie Munger utiliza para contornar situações como essa, explicado por Mohnish Pabrai:

"A primeira dica é ficar atento. Apenas ficar atento sobre estes fatos já é uma grande vantagem. Então, é preciso estar atento ao fato de que temos vários vieses e que nossa mente pode nos enganar. Estar atento e ser racional. Charlie Munger, frequentemente, diz que ele não alcançou o sucesso porque é inteligente, mas porque é racional."

Dar este primeiro passo, mesmo que pequeno, é o melhor caminho para lidarmos com algo que potencialmente pode ser um grande problema para os investidores.

INVESTIR É APRENDER A LIDAR COM O FUTURO

Suno Call 578 – 05/06/2020

Um investidor por quem tenho grande admiração e cujas ideias já abordei várias vezes em diferentes oportunidades é Howard Marks. Em seu livro *O mais importante para o investidor*, ele aborda os aspectos metafísicos do risco. A obra dedica um capítulo inteiro à discussão sobre o entendimento de risco e, em certo ponto, Marks menciona uma frase de Elroy Dimson:

"O risco significa que mais coisas podem acontecer do que, de fato, irão acontecer."

Por conta disso, ter que lidar com essa incerteza sobre o futuro é um dos maiores desafios que a arte de investir nos traz.

Esse fato é ignorado por muitos investidores, que simplificam o ato de investir, sendo levados a pensar de uma única forma, estreitando a gama de perspectivas futuras. Isso acaba fazendo com que necessitem de um alinhamento quase extraordinário dos fatos para que essa única via criada se concretize, levando-os a obter, assim, bons resultados.

Marks destaca que investir é ter de lidar com o futuro. A parte importante é que não sabemos nada sobre o futuro. Assim, a possibilidade de uma variedade enorme de resultados pressupõe a necessidade de pensar o futuro com uma gama deles, não apenas com um. Temos que considerar as mais diversas alternativas, levando em conta até mesmo os fatos que têm baixa possibilidade de se materializar. Quando paramos para avaliar, algumas das maiores perdas surgem quando os investidores ignoram o que enxergam como improvável.

Essa ideia de Marks, de que devemos considerar os diversos cenários futuros, me faz lembrar de uma frase dita por Charlie Munger. O parceiro de Warren Buffett na Berkshire Hathaway nos fala para sermos generalistas em um mundo de especialistas. Ou seja, para pensar sobre as possibilidades futuras em um investimento, é necessário ter um pensamento generalista e considerar a maior quantidade possível de cenários.

Um historiador, um economista, um engenheiro e um advogado terão visões diferentes sobre um investimento. É claro que nenhuma abordagem estará totalmente correta em todas as circunstâncias, mas, aprendendo a combiná-las, você pode aumentar drasticamente a qualidade da sua tomada de decisão.

Assim, entendo que as ideias de Marks e Munger, de certa forma, se complementam. O primeiro fala sobre o risco e diz que, para avaliá-lo e tomar uma boa decisão de investimento, é necessário considerar todos os cenários futuros possíveis, mesmo os mais improváveis.

No entanto, as suposições sobre esses variados cenários demandam que o investidor tenha um pensamento generalista, capaz de conectar várias áreas do conhecimento e pontos de vista diferentes, corroborando a visão de Munger.

Outro fator muito importante do pensamento generalista é a

adaptabilidade às mudanças. Um investidor com um conhecimento muito profundo, porém estreito, de um único setor pode se sentir muito prejudicado quando esse setor entra em declínio.

Por fim, para concluir, acredito que uma boa tese de investimento está fundamentada na capacidade de avaliar riscos, a partir do momento em que conseguimos analisar criticamente as mais variadas facetas dos cenários futuros.

CINCO *INSIGHTS* DE HOWARD MARKS SOBRE INVESTIMENTOS

Suno Call 594 – 30/06/2020

Recentemente, assisti a uma conversa entre Marks e John Authers, editor sênior de mercados da Bloomberg. O papo foi registrado para a Conferência Anual do CFA Institute de 2020 e, nele, Marks trouxe alguns *insights* interessantes, oriundos da vasta experiência que tem no mercado. A seguir, apresentarei cada um deles.

1 – Veja os movimentos do mercado de maneira construtiva

Marks afirmou que a maioria dos investidores enxerga o comportamento cíclico do mercado através de uma ótica que trata os altos e baixos como situações extremas: ou prosperidade e bonança, ou fracasso e pânico. Assim, muitos tentam prever os movimentos futuros com base nos movimentos bruscos do passado.

O bilionário disse que esse tipo de pensamento traz conotações que podem distorcer a perspectiva do investidor. Ele prefere pensar de outra maneira, mais construtiva: são excessos e correções. Segundo ele, o ciclo nada mais é do que uma série de oscilações para cima e para baixo, em torno de uma linha de tendência.

2 – Reconheça o que você não sabe

Durante a conversa, Howard e John levantaram recorrentemente a ideia da humildade intelectual. Isto é, estar ciente de que existem limitações ao seu conhecimento. Nesse sentido, é necessário ter cautela ao lidar com o desconhecido.

3 – Insista na margem de segurança

A margem de segurança é um conceito-chave para a filosofia do investimento em valor, desde que foi concebido por Benjamin Graham.

Para definir a margem de segurança a ser utilizada em um investimento, Marks recomenda que os investidores avaliem a estabilidade da indústria, a previsibilidade da companhia e de seu setor, bem como o tamanho do desconto com o qual o ativo negocia em relação ao valor intrínseco calculado. Marks disse:

> *"Um* expert *calibra a expressão de sua opinião baseado em quão fortes são as evidências. O investidor deve calibrar a confiança em seus investimentos baseado no tamanho da margem de segurança que existe."*

4 – Seja diferente, porém esteja correto

Marks destacou: *"Se você pensa e se comporta de maneira diferente das outras pessoas – e está correto mais vezes do que elas –, então você pode alcançar uma performance superior".* Ou seja, devemos agir de modo separado das massas, mas apenas isso não basta. Também devemos estar corretos em nossos raciocínios.

Não se trata de ter o reflexo de se opor às massas. Você deve se desconectar dos grandes grupos por uma razão, não apenas por agir de maneira contrária.

5 – Esteja confortável com os desconfortos

Marks também levantou um ponto bastante interessante: *"Todo grande investimento começa com um desconforto. (...) Se todos não odiassem um investimento, ele não estaria barato".*

O preço dos ativos cai quando ninguém quer comprá-los. Então, os investimentos com as maiores margens de segurança e as maiores discrepâncias entre preço e valor podem ser os menos desejados. Tê-los pode ser desconfortável.

Dificilmente um investimento se confirma como uma boa decisão no mesmo dia em que é realizado. Pode levar meses, talvez anos, para que isso aconteça. Então, o desafio aumenta quando o desconforto passa a durar mais tempo.

Marks ressaltou que é impossível distinguir se você está enxergando muito além do seu tempo ou se simplesmente está errado. É daí que vem o desconforto.

Por fim, o bilionário acredita que as incertezas e o desconforto serão os principais componentes do mercado nos próximos períodos, devido ao cenário atual. É algo com que os investidores precisam aprender a lidar.

FONTES DE ERRO, SEGUNDO HOWARD MARKS
Suno Call 649 – 16/09/2020

Erros, de fato, são os principais motivos que nos impedem de alcançar retornos superiores em nossos investimentos. No entanto, quando os erros são cometidos pelos outros, muitas vezes proporcionam oportunidades valiosas para performances elevadas.

Segundo Howard Marks, explorar esse tipo de falha é o único caminho para a alta performance consistente ao longo do tempo. Entretanto, é preciso estar no lado certo, isto é, devemos aproveitar os erros alheios ao invés de cometê-los.

Muitos podem pensar que, com o tempo, erros serão amplamente conhecidos, de modo que raramente serão cometidos. No entanto, Marks aponta que investir é uma atitude tomada por seres humanos, de modo que erros sempre acontecerão, pois somos reféns de nossa psique e de nossas emoções.

Adicionalmente, Joel Greenblatt ressalta que muitos erros dele já haviam sido cometidos – também por ele – no passado. Os erros apenas pareciam diferentes, porém eram os mesmos, sob um disfarce.

Cabe ressaltar, no entanto, que os maiores erros de investimentos não derivam de análise ou informações, mas, sim, de fatores psicológicos. Muitos analistas chegam às mesmas conclusões quando investigam um mesmo tema, porém as atitudes tomadas a partir dessas conclusões variam em razão dos fatores psicológicos.

Assim, Howard Marks cita sete aspectos considerados armadilhas psicológicas que afetam investidores em suas finanças pessoais.

1 – Ganância

A ganância representa um excesso do desejo por dinheiro. Quando o desejo chega ao patamar da ganância, a luz de alerta acende, mas o indivíduo não percebe.

Essa emoção é capaz de cegar o investidor em vários pontos importantes, de modo que ele esquece o bom senso, o cuidado com o risco, a cautela, a lógica e até mesmo os aprendizados com erros anteriores.

Quando aliada ao otimismo, a ganância leva o investidor a perseguir estratégias de alto risco sem ter consciência.

2 – Medo

De certa forma, o medo é o oposto da ganância. No âmbito dos investimentos, também carrega o sentido de excesso, impedindo o investidor de atuar construtivamente. Portanto, o medo, nesse sentido, configura-se como um freio na performance do investidor.

3 – Suspensão voluntária de descrença

Esse fator trata da tendência de o indivíduo ou coletivo ignorar a lógica, a história e as premissas básicas, mesmo que para isso tenha de acreditar fortemente em cenários surreais.

Invariavelmente, o cerne de bolhas econômicas se encontra em situações assim, ou seja, uma falha ao reconhecer limites fundamentais ocorre em um grupo muito grande de pessoas. Muitas vezes, esse comportamento está associado à ganância, de modo que o investidor ignora as lições do passado em função de seu desejo excessivo.

4 – Visão em conformidade com o coletivo

Esse aspecto envolve a influência da opinião do grupo sobre as opiniões individuais. Quando um indivíduo se encontra nessa esfera, tem a tendência de ignorar seu ceticismo e sua aversão ao risco, ainda que os ideais não façam sentido para ele.

5 – Inveja

Muitos investidores se comparam com os demais, observando sempre que a grama do vizinho está mais verde que a sua. Frequentemente, isso potencializa a ganância, o que leva o investidor a tomar atitudes irracionais sob fortes emoções, colocar em risco seu capital e ir de encontro a seu objetivo.

6 – Ego

Marks ressalta que investir não deve ser relacionado ao glamour ou à satisfação do ego. Ao contrário, deve ser a base da construção de um patrimônio sólido para o longo prazo.

A satisfação do ego está relacionada com um prazer instantâneo. Portanto, relacionada com retornos elevados no curto prazo, que dificilmente serão mantidos no médio prazo.

7 – Capitulação

Trata-se de um fenômeno observado por Howard Marks no comportamento dos investidores nos estágios avançados dos ciclos de alta do mercado, no qual os indivíduos sucumbem às pressões econômicas e psicológicas, agindo contrariamente ao que deveriam fazer.

Isto é, sabendo que alguns ativos estão caros e ainda valorizando – e que outros estão baratos e ainda caindo de preço –, optam por comprar os que estão caros, ignorando a premissa de comprar na baixa e vender na alta.

A síntese

Estando ciente desses fatores psicológicos de grande impacto nos investimentos, cabe ao investidor exercitar o autoconhecimento acerca do assunto, a fim de reconhecer em si os pontos negativos. Deste modo, ele busca melhorar constantemente não só no que diz respeito aos investimentos, mas também em vários outros âmbitos sobre os quais esses aspectos psicológicos exercem influência.

UMA DISCUSSÃO SOBRE AS EXPECTATIVAS

Suno Call 676 – 26/10/2020

A expectativa que você coloca sobre uma situação pode levá-lo a um sentimento de satisfação ou frustração ao colher os resultados.

O fato é que muitos investidores, principalmente os mais iniciantes, almejam retornos estratosféricos, capazes de multiplicar seu capital em pouco tempo. Para isso, muitas vezes aceitam um risco maior que o percebido ao utilizar alavancagem ou concentração de portfólio.

Outra situação, que percebo muito, diz respeito a acertar o tempo de mercado. Muitos ficam à procura de comprar uma ação no momento exato em que ela chega a seu preço mínimo e de vendê-la quando atinge seu preço máximo.

Howard Marks, renomado investidor, afirma que costuma ser questionado sobre como ter certeza do momento em que o preço da ação atingiu o *bottom* (patamar no qual o preço não cairá mais). Ele responde simplesmente que não há como fazê-lo:

> *"Procurar o* bottom *é uma das coisas para as quais suas expectativas devem ser razoáveis."*

Nesse sentido, Marks explica que existem três momentos para comprar um ativo que está em declínio: no caminho de descida do preço, quando ele atinge o *bottom* e quando é superado.

Desse modo, se esperarmos passar o *bottom* para comprar, o movimento de compra acarretará o aumento no preço das ações. Isso levará outros a também comprar e desencorajará os que detêm os ativos a vender.

A oferta, então, seca. Torna-se difícil comprar em grandes quantidades. Logo, os possíveis compradores percebem que é tarde demais.

Tal situação nos leva, então, a comprar no caminho de descida dos preços – pelo que, segundo Marks, deveríamos ser gratos, já que as maiores barganhas são encontradas nesse momento, e muitos acabam não aproveitando.

Desse modo, a maneira com que a Oaktree, fundo de investimento gerido por Howard Marks, resolve a questão (de saber quando comprar) é desistindo de alcançar com perfeição o momento em que as ações estão em seu preço mínimo.

A abordagem se torna ainda mais evidente quando ela encontra algo atrativo e barato, pois a Oaktree jamais afirma: *"Está barato hoje, mas nós achamos que estará mais barato ainda daqui a seis meses, então vamos esperar".*

Assim, atingir a perfeição no momento de investir é quase impossível, de modo que o melhor que podemos fazer é encontrar uma boa quantidade de bons investimentos e excluir aqueles que forem ruins.

Apenas para efeito de comparação, quando falamos de retornos razoáveis, Peter Lynch, um dos mais bem-sucedidos investidores de todos os tempos, obteve um retorno médio de 29,2% ao ano durante 13 anos. Já Warren Buffett, o maior investidor de todos os tempos, acumula um retorno médio anual de 20,5% desde 1965.

Portanto, seja razoável com suas expectativas de investimento. Qualquer outra abordagem poderá levá-lo a ter problemas, normalmente aceitando incorrer em riscos que não são percebidos.

V – RAY DALIO (1949)

Pessoas mais esforçadas e trabalhadoras aumentam sua produtividade mais rápido do que pessoas acomodadas. O mesmo ocorre na economia. Este é um fator que influencia no longo prazo. A produtividade não é volátil e, portanto, não produz grandes oscilações econômicas.

O FUNCIONAMENTO DA MÁQUINA ECONÔMICA SEGUNDO RAY DALIO – I

Suno Call 278 – 22/03/2019

Nesta série de três partes apresentarei o funcionamento da economia segundo a visão do investidor bilionário Ray Dalio.

Transações, crédito e crescimento da produtividade

Ray Dalio acredita que muito sofrimento desnecessário é causado pela falta de entendimento das pessoas acerca do funcionamento da economia. Mesmo que a economia pareça complexa, o investidor defende que ela funciona de maneira simples e mecânica. Basicamente, a economia é composta pela soma de todas as transações realizadas.

Para que uma transação aconteça, é necessário que um comprador deseje trocar dinheiro ou crédito com um vendedor por bens, serviços ou ativos financeiros. Toda vez que ocorre a troca temos uma transação. Quando uma pessoa compra um livro, por exemplo, ela está realizando uma transação.

Todos os ciclos e forças econômicas são regidos pelas transações. Portanto, entendendo este fenômeno, podemos compreender a economia como um todo.

As transações criam três forças que influenciam a economia. São elas: o crescimento da produtividade, o ciclo da dívida de curto prazo e o ciclo da dívida de longo prazo.

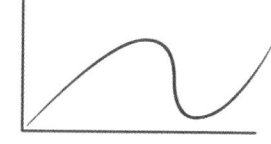

Crescimento da produtividade   Ciclo da dívida de curto prazo   Ciclo da dívida de longo prazo

Em uma economia, o maior comprador e vendedor é o governo, composto por dois órgãos de extrema importância: um governo central, responsável pela coleta de impostos e pelos investimentos em obras de infraestrutura para atender o bem-estar da população, e um Banco Central, órgão que controla o volume de dinheiro e crédito na economia.

Existem duas ferramentas em poder do Banco Central para exercer tal função: o controle sobre a taxa de juros e a impressão de dinheiro. Por esse motivo, esse órgão é fundamental para o fluxo de crédito.

Crédito, segundo Dalio, é a parte mais importante da economia e, possivelmente, a menos compreendida. A crença de Dalio se baseia no fato de que existe muito mais crédito do que dinheiro em uma economia, e aquele é extremamente volátil.

Da mesma forma que compradores e vendedores realizam transações, credores e tomadores de crédito também o fazem. Geralmente, essa operação ocorre devido ao desejo do credor em transformar seu dinheiro em mais dinheiro, enquanto um tomador de crédito deseja comprar um bem ou serviço que não consegue pagar de imediato.

Dessa forma, através do crédito, ambos alcançam seus objetivos. O credor empresta o capital ao tomador de crédito, que promete pagamento futuro da quantidade emprestada (principal) acrescida de uma taxa estabelecida (juros).

Quando as taxas de juros estão elevadas, o crédito é desestimulado, uma vez que o tomador de crédito terá de pagar mais para sanar a dívida. O contrário também é verdadeiro. Quando o Banco Central reduz as taxas de juros, ele estimula o crédito.

Mas o que torna o crédito tão importante? Segundo o megainvestidor, a importância do crédito está na sua capacidade de ampliar o poder de compra de um indivíduo acima de sua produtividade. Tal fenômeno gera ciclos econômicos.

Quando o crédito é criado, o tomador pode ampliar seus gastos, e estes mantêm o funcionamento da economia. Isso se deve ao fato de que o gasto de uma pessoa é a receita de outra, ou seja, quando um indivíduo aumenta suas despesas, outro está ampliando suas receitas.

Quanto mais as receitas aumentam, mais crédito é disponibilizado, pois os riscos de inadimplência diminuem. Assim, o aumento de receitas leva à maior disponibilidade de crédito, que acarreta o aumento do consumo e, como o gasto de uma pessoa é a receita da outra, o ciclo continua.

Voltemos agora às forças criadas pelas transações. Em primeiro lugar, temos o crescimento da produtividade. Pense em um indivíduo. Ao longo de sua vida, ele adquire novos conhecimentos e experiências, o que o torna mais produtivo.

Pessoas mais esforçadas e trabalhadoras aumentam sua produtividade mais rápido do que pessoas acomodadas. O mesmo ocorre na economia. Este é um fator que influencia no longo prazo. A produtividade não é volátil e, portanto, não produz grandes oscilações econômicas.

O crédito, por sua vez, tem grande influência no curto prazo. Isso se deve ao fato de que ele nos permite consumir mais do que produzimos quando contraímos a dívida, enquanto nos força a consumir menos do que produzimos quando temos de pagá-la.

Tal fenômeno gera dois importantes ciclos econômicos que serão discutidos nas partes subsequentes, o ciclo de dívida de curto prazo e o ciclo de dívida de longo prazo.

O FUNCIONAMENTO DA MÁQUINA ECONÔMICA SEGUNDO RAY DALIO – II

Suno Call 279 – 25/03/2019

O ciclo da dívida de curto prazo

Como apresentado na primeira parte desta série, Dalio interpreta que a economia é composta por uma série de transações que se repetem indeterminadamente. O crédito alimenta tais transações, gerando oscilações de curto e longo prazo na economia.

O ciclo de curto prazo leva entre 5 e 8 anos para ocorrer, enquanto o ciclo de longo prazo leva de 75 a 100 anos. Quando as pessoas sofrem com a volatilidade, geralmente não se dão conta do cenário como um todo, pois acompanham dia a dia, semana a semana, enquanto os ciclos levam longos períodos para ocorrer.

Imaginemos uma economia sem crédito. Nesse cenário, a única maneira de ampliar a renda dos indivíduos é aumentando a produtividade. O crédito, por sua vez, nos permite consumir mais do que produzimos quando contraímos a dívida, ao passo que nos força a consumir menos do que produzimos quando temos de pagá-la.

Assim, o crédito permite o aumento dos gastos por parte dos indivíduos e, como o gasto de uma pessoa é a receita de outra, o ciclo de crescimento se alimenta.

Vejamos o seguinte exemplo. Uma pessoa ganha R$ 100 mil por ano e pode solicitar um crédito de R$ 10 mil com essa receita. Desse modo, a pessoa pode gastar R$ 110 mil no ano, mesmo tendo produzido apenas R$ 100 mil.

Como consequência, a pessoa que recebe R$ 110 mil, poderá contrair R$ 11 mil de dívida e, portanto, poderá gastar R$ 121 mil no ano. Como a receita de um indivíduo é o gasto de outro, o aumento dos gastos leva ao aumento das receitas e vice-versa; assim, o ciclo se alimenta.

Esse crescimento torna-se insustentável eventualmente e, neste ponto, ele reverte. Isto nos leva ao ciclo de dívida de curto prazo.

À medida que a atividade econômica aumenta, alimentada pela disponibilidade de crédito, vemos um momento de expansão. Essa é a primeira fase do ciclo.

O consumo continua a crescer, assim como as receitas. Quando a renda cresce em ritmo mais acelerado do que a produção, os preços aumentam. Então, entramos em um processo inflacionário.

A inflação excessiva traz problemas à economia e, portanto, o Banco Central, ao notar a alta dos preços, eleva a taxa de juros. Como consequência, a disponibilidade de crédito se reduz e o custo da dívida sobe.

Com o desestímulo ao crédito, o consumo cai e, consequentemente, as receitas caem. A queda na demanda leva a um processo deflacionário, derrubando o consumo e o preço dos produtos. Com a atividade econômica estagnando, entramos em uma recessão.

Caso a inflação não seja um problema, o governo reduzirá as taxas de juros na tentativa de estimular a economia. Com baixas taxas de juros, o crédito se torna disponível novamente e o consumo volta a subir. Assim, o ciclo é renovado.

Repare que o fator determinante desse ciclo é a disponibilidade de crédito. Assim, o movimento será regido pela disposição dos credores e tomadores de crédito em realizar transações. O maestro disso tudo é o Banco Central, que controla o apetite dos credores e devedores através da taxa de juros.

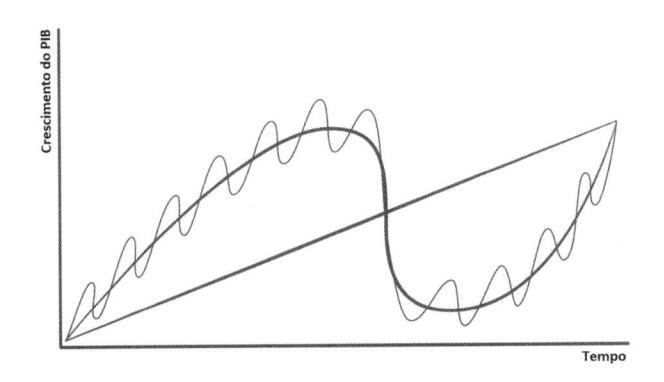

Quando o crédito é estimulado com as baixas taxas de juros, há uma expansão econômica. Quando as taxas são elevadas e o crédito se torna indisponível, há uma recessão. Mas note que cada ciclo termina com seu cume e seu vale mais altos do que o ciclo anterior.

Isso se deve à tendência das pessoas de contrair mais dívidas do que pagá-las. Por um longo período de tempo, as dívidas passam a crescer mais rápido do que a renda, o que nos leva ao tema da próxima parte desta trilogia.

O FUNCIONAMENTO DA MÁQUINA ECONÔMICA SEGUNDO RAY DALIO – III

Suno Call 280 – 26/03/2019

O ciclo da dívida de longo prazo

Na parte anterior desta série, tratamos dos conceitos que envolvem o ciclo da dívida de curto prazo. Concluímos que as pessoas tendem a contrair mais dívidas do que pagá-las em um momento de expansão econômica, com alta disponibilidade de crédito.

Esse fenômeno leva a ciclos com topos e fundos ascendentes, o que significa mais crédito na economia e, consequentemente, mais dívidas.

Apesar de as pessoas estarem mais endividadas, os credores oferecem ainda mais crédito. Isso se deve ao fato de os indivíduos voltarem sua atenção ao curto prazo. No curto prazo, os salários vêm subindo, assim como os valores dos ativos. O mercado de ações está em alta e a economia vive um *boom*.

Nesse ponto, apesar do crescimento da renda, a dívida cresce em ritmo mais acelerado.

No cenário descrito, temos um encargo de dívida crescente, mesmo com o aumento das receitas. Os indivíduos estão tomando quantidades enormes de dinheiro emprestado para comprar diversos ativos.

Assim, as pessoas se sentem ricas. Mesmo com o acúmulo de dívidas, o aumento da renda permite que os tomadores de crédito sejam classificados como bons pagadores, o que lhes possibilita adquirir ainda mais crédito por um longo período de tempo.

Esse fato se estende por décadas e o encargo da dívida vai crescendo a ponto de se tornar insustentável. Nesse momento, as parcelas da dívida crescem mais rápido do que as receitas, o que faz com que as pessoas sejam obrigadas a reduzir seus gastos.

Como os gastos de uma pessoa são as receitas de outra, os rendimentos começam a cair, o que faz com que as pessoas tenham menos acesso ao crédito.

Assim, o consumo cai e o ciclo se inverte. Os encargos da dívida ficaram grandes demais devido à alavancagem da economia. Para reverter o cenário, a economia entra em um processo de desalavancagem.

Durante o processo de desalavancagem, pessoas cortam gastos, a renda cai, o crédito desaparece, o preço dos ativos despenca, bancos ficam apertados, o mercado de ações quebra, as tensões sociais aumentam e o ciclo começa a se alimentar no modo inverso.

Enquanto a renda cai e as parcelas da dívida sobem, os tomadores de empréstimo ficam apertados, e não são mais considerados merecedores de crédito. Assim, o crédito acaba e eles não conseguem pegar dinheiro emprestado suficiente para pagar suas dívidas.

Lutando para tapar esse buraco, os devedores são forçados a vender ativos. A corrida pela venda de ativos inunda o mercado ao mesmo tempo que o consumo cai. Isso leva ao colapso do mercado de ações.

Com a queda no preço dos ativos, o valor das garantias dos devedores cai, o que os torna ainda menos "merecedores" de crédito. As pessoas se sentem pobres e o crédito desaparece rapidamente.

Menos gasto leva a menos receita, que por sua vez leva a menos riqueza, menos crédito, menos empréstimo, e o ciclo continua.

Esse evento parece-se com uma recessão, mas a diferença é que a redução da taxa de juros não consegue salvar o dia.

Em uma recessão econômica, a redução das taxas de juros estimula o reaquecimento da economia. Entretanto, em uma desalavancagem econômica o método não funciona, pois as taxas de juros já estão baixas e rapidamente chegam a zero.

Nos Estados Unidos, isso ocorreu em dois momentos, durante a década de 1930 e depois em 2008.

Com o dever de reduzir os encargos da dívida, o governo pode utilizar quatro ferramentas para que a desalavancagem ocorra de maneira equilibrada.

Em primeiro lugar, as pessoas, as empresas e o governo devem reduzir os gastos. Como explicado anteriormente, a redução dos gastos leva a um processo deflacionário e permite que parte da receita seja utilizada para pagar parcelas das dívidas.

Em segundo lugar, as dívidas devem ser reduzidas. Tal fato pode ser articulado por meio de reestruturação de dívida, ou até por declaração de moratória. Como os credores preferem receber parte da dívida do que não receber nada, muitas vezes em cenários de desalavancagem econômica as dívidas sofrem reestruturação.

Em terceiro lugar, o governo deve redistribuir a riqueza na economia, reduzindo a concentração de dinheiro. Frequentemente, isso é feito através de políticas para taxar grandes riquezas, enquanto o governo cria incentivos para pequenos empresários e ferramentas de auxílio aos desempregados.

Os três recursos mencionados acarretam processos deflacionários, que devem ser equilibrados com a quarta ferramenta para a redução dos encargos da dívida em uma economia: a impressão de dinheiro.

Esse recurso deve ser utilizado com sapiência pelo Banco Central, pois, quando mal utilizado, pode ocasionar um processo de hiperinflação, em que a alta dos preços se torna incontrolável e o país não consegue reduzir os encargos da dívida.

Essas quatro ferramentas foram utilizadas em todas as desalavancagens econômicas da história moderna. Ocorreu nos Estados Unidos na década de 1930, na Inglaterra em 1950, no Japão em 1990 e na Itália em 2010.

A impressão de dinheiro contribui para a valorização dos preços dos ativos, uma vez que o Banco Central o utiliza para adquirir ativos financeiros e títulos públicos. O governo central, por sua vez, compra bens e serviços, colocando-o nas mãos da população.

Portanto, na tentativa de estimular a economia, as duas entidades devem cooperar. Ao comprar títulos públicos, o Banco Central essencialmente está emprestando dinheiro para o governo, o que permite que ele role seu déficit e aumente seus gastos em bens e serviços através de programas de estímulo e benefícios aos desempregados.

Esse é um cenário delicado, no qual uma boa articulação dos recursos é fundamental para que a desalavancagem não seja desastrosa. Quando é bem articulada, as dívidas caem em relação às receitas, o crescimento econômico é positivo e a inflação não é um problema. Para que isso ocorra, o governo deve ponderar com sabedoria a utilização das quatro ferramentas anteriormente mencionadas.

Quando bem executado, o processo de desalavancagem reduz o encargo da dívida e faz com que a economia volte a crescer, aumentando a renda da população, o que amplia a credibilidade dos tomadores de crédito, levando os credores a emprestar dinheiro novamente. Com isso, o ciclo se renova e a economia segue seu curso.

Obviamente, a economia é mais complexa do que esse modelo sugere. Entretanto, ao visualizarmos a sobreposição do ciclo de dívida de curto prazo ao ciclo de dívida de longo prazo, e então os aplicarmos ao crescimento da produtividade, temos um modelo razoável para compreender onde estivemos, onde estamos e para onde iremos, com probabilidades mais assertivas.

TRÊS RECOMENDAÇÕES DE RAY DALIO PARA OS *MILLENNIALS*

Suno Call 287 – 04/04/2019

Um dos grandes problemas do ser humano é a crença de que

as experiências que ele teve – e que ficaram na memória – se repetirão. Na verdade, os eventos futuros serão muito distintos daqueles que já ocorreram.

Para enfrentar o cenário de incertezas futuras, Ray Dalio – fundador e presidente do Bridgewater Associates, o maior *Hedge Fund* do mundo – dá três recomendações para os *millennials*.

Quanto devo poupar?

Em primeiro lugar, Dalio diz que você deve estar atento à poupança. Você deve estar apto a definir quanto dinheiro deve ser poupado. A melhor maneira de fazer isso é calcular quanto dinheiro você gasta por mês e quantos meses de tranquilidade o dinheiro já poupado te garante.

Lembre-se: o dinheiro poupado traz liberdade e segurança para enfrentar cenários adversos. Portanto, se você deseja ter tranquilidade no futuro, poupe.

Além disso, preste muita atenção às dívidas. Ao contrair uma dívida, pense muito bem no destino do recurso. Recursos provenientes de empréstimos e financiamentos devem ser alocados em ativos que garantam uma rentabilidade acima do custo de captação.

Quando você compra um apartamento ou uma casa através de um financiamento, é forçado a poupar para pagar a dívida e, segundo Ray Dalio, a poupança forçada é uma boa prática.

No entanto, caso você destine o recurso para consumo, ele não trará retornos futuros e a dívida se tornará um peso. Não tenha esse hábito. Dívidas devem ser contraídas apenas quando o destino dos recursos for um ativo que garanta rentabilidade acima do custo de captação.

Onde devo alocar o dinheiro poupado?

Quando pensar na alocação do capital, você vai perceber que o investimento menos arriscado e com menor volatilidade (dinheiro em caixa) é também o pior investimento ao longo do tempo.

Você pode analisar isso através da inflação, que irá reduzir seu poder de compra. Se você vive em um país com inflação anual em torno de 3% ou 4%, por exemplo, como seu dinheiro não está sendo corrigido mais do que proporcionalmente, está perdendo poder de compra. Portanto, você deve investir em outros ativos. Para garantir sua tranquilidade, diversifique da forma correta. Não basta possuir muitos ativos.

O recomendável é escolher diversas classes de ativos em países diferentes, para se blindar dos riscos relacionados à concentração da carteira. Quando fizer isso, uma crise momentânea que prejudica a rentabilidade de um ativo em seu portfólio não te afetará de maneira significativa.

Como devo agir?

Ray Dalio vê o mercado como o reflexo dos instintos humanos e afirma que, para ter sucesso nesse meio, você deve agir de maneira contrária aos seus instintos e, consequentemente, ao mercado.

Você deve vender quando todos querem comprar e comprar quando todos querem vender. Agindo de forma contrária à população, você terá sucesso. Entretanto, executar esse raciocínio não é tarefa fácil.

É extremamente difícil agir dessa forma, pois é um raciocínio contraintuitivo para o ser humano. Assim, muitas pessoas tendem a vender seus ativos durante crises econômicas, quando, na verdade, estes ativos estão subvalorizados e as pessoas deveriam adquirir mais ativos financeiros, no lugar de vender.

Em contrapartida, durante estágios de amplo crescimento econômico, o movimento inverso ocorre. Os ativos estão supervalorizados e, na esperança de que continuem valorizando, os indivíduos adquirem mais e mais desses ativos. Lembre-se do que o investidor bilionário Warren Buffett disse:

> *"Medo e ganância são duas doenças contagiosas que sempre atacam o mundo dos investimentos. O calendário dessas epidemias é imprevisível... Nós simplesmente tentamos ficar com medo quando os outros estão gananciosos e ser gananciosos apenas quando os outros estão com medo."*

VI - JOEL GREENBLATT (1957)

É sempre difícil fazer previsões, mas acredito que comprar algo bom e barato é uma boa estratégia para tudo na vida: nunca ninguém quebrou fazendo isso.

O PEQUENO LIVRO QUE SUPERA O MERCADO

Suno Call 15 – 23/02/2018

Quero discutir um pouco sobre o livro que mais me marcou durante minha carreira como investidor: *The Little Book That Beats The Market*, de Joel Greenblatt. O livro existe também em português com o nome *O mercado de ações ao seu alcance*, que é uma tradução péssima. Deveria ser algo como "O pequeno livro que supera o mercado".

Esse livro apresenta de maneira muito simples o que faz um investidor como Warren Buffett: busca investir em empresas de alta qualidade a um bom preço. Nenhum outro livro consegue sintetizar com tanta competência e didática como fazer isso.

No livro, Joel Greenblatt criou algo que chamou de "Fórmula Mágica". Não gosto muito desses nomes messiânicos: ele poderia ter colocado algo menos marqueteiro, como "Fórmula de Greenblatt". Porém, na prática, o nome não importa. O que importa é o conteúdo que a fórmula entrega.

A Fórmula Mágica consiste em selecionar empresas boas e baratas seguindo alguns critérios. O autor sugere ranquear as ações por dois parâmetros:

1) Critério de rentabilidade (no caso, ele utiliza a métrica ROCE – *Return on Capital Employed* – algo como "Retorno do Capital Empregado", em português). Quanto maior, melhor.

2) Critério de *Valuation* (no caso, o autor utiliza a razão EV/EBIT – *Enterprise Value / Earnings Before Interest and Taxes* – algo como "Valor da Empresa / Lucro Antes de Juros e Imposto de Renda"). Quanto menor, melhor.

Como no Brasil a métrica ROCE é pouco difundida, parte dos analistas que abordam a Fórmula Mágica de Joel Greenblatt adota o ROE – *Return on Equity* ("Retorno sobre o Patrimônio Líquido", em português).

Então, cria-se um terceiro *ranking*, que seria a soma das posições das empresas nos dois primeiros *rankings* de rentabilidade e *Valuation*. As empresas que se destacam nesse terceiro *ranking* têm uma combinação ótima de rentabilidade e preço.

Na prática, funciona como um campeonato de futebol nacional. Não ganha o campeonato o campeão do primeiro turno. Não ganha o campeão do segundo turno. Ganha o campeonato o time que tiver a maior pontuação na soma dos resultados do primeiro e do segundo turno.

Em seguida, Greenblatt sugere que o investidor forme uma carteira com o quartil de empresas do topo deste terceiro *ranking* e que deixe a carteira assim por um ano, para repetir o processo novamente. Segundo o autor, os resultados foram bastante superiores à média do mercado norte-americano.

No Brasil, a equipe da Set Investimentos fez o *backtest* dessa estratégia e o retorno de quem a tivesse simplesmente seguido é excelente: superior a 30% ao ano desde 2000 até 2017.

Não acredito que esse retorno se repetirá nos próximos anos, mesmo porque o *Valuation* da Bolsa de São Paulo, no começo dos anos 2000, era muito baixo. Hoje, não temos o mesmo cenário daquela época. Além disso, os mercados são mais arbitrados, com mais competição por boas oportunidades.

Porém, acredito que quem seguir essa estratégia será bem-sucedido, e deve superar o Ibovespa no longo prazo. É sempre difícil fazer previsões, mas comprar algo bom e barato é uma boa estratégia para tudo na vida: nunca ninguém quebrou fazendo isso. E a estratégia proposta nesse livro busca exatamente esse conceito.

Recomendo fortemente esse livro, que é pequeno o suficiente para se ler em uma tarde, mas profundo o suficiente para mudar o seu jeito de investir.

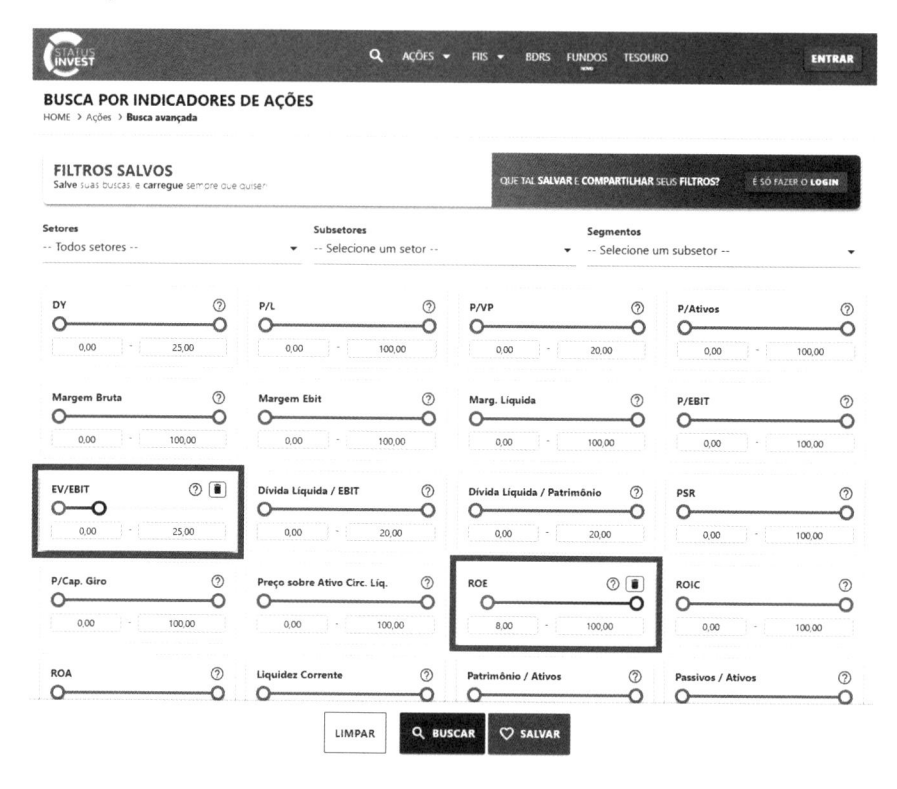

No sistema de buscas por ações brasileiras da plataforma Status Invest, podemos adotar a Fórmula Mágica de Joel Greenblatt adicionando filtros para evitar a amplitude de resultados. Neste exemplo, no campo "EV/EBIT" adotamos "25,00" como valor máximo, ao passo que no campo "ROE" adotamos "8,00" como valor mínimo. Depois disso, clicamos em "BUSCAR" (fonte: https://statusinvest.com.br/acoes/busca-avancada – *link* acessado em 20/11/2020).

☰ RESULTADO DA BUSCA

TICKER		EV/EBIT ▲
Itaú ITUB3 →		-318,79
Itaú ITUB4 →		-318,79
TCNO4 →		-54,54
TCNO3 →		-54,54
BBDC3 →		-19,90
BBDC4 →		-19,90
MTIG4 →		-11,99
MTIG3 →		-11,99
CATA3 →		-9,95
CATA4 →		-9,95
MMAQ3 →		-1,69
MMAQ4 →		-1,69
BRQB3 →		-0,99
NRTQ3 →		-0,72
STTR3 →		-0,50

15 ▼ ‹ **1** 2 3 4 5 ›

☰ RESULTADO DA BUSCA

TICKER		ROE ▽
CURY3 →		27.0K
CCPR3 →		4.6K
IGSN3 →		4.5K
NUTR3 →		256,10
MRFG3 →		223,61
CORR3 →		164,96
CORR4 →		164,96
TCNO4 →		136,22
TCNO3 →		136,22
RSUL3 →		133,22
RSUL4 →		133,22
CGAS3 →		98,74
CGAS5 →		98,74
PLPL3 →		77,18
ATOM3 →		74,12

15 ▼ ‹ **1** 2 3 4 5 ›

Ordenando os resultados da busca pelo critério de menor EV/EBIT e maior ROE, encontramos as 15 ações com as melhores classificações em cada quesito. As únicas que figuram entre as 15 melhores de cada *ranking* são TCNO4 e TCNO3 (ambas da empresa Tecnosolo Engenharia). O *ranking* pode ser ampliado para 30 resultados em cada quesito ou simplesmente listar todas as ações encontradas para os parâmetros adotados inicialmente (fonte: https://statusinvest.com.br/acoes/busca-avancada – *link* acessado em 20/11/2020).

Ao acessar a página do Status Invest dedicada à Tecnosolo Engenharia, somos alertados de que a companhia se encontra em processo de recuperação judicial e que seu patrimônio líquido é de apenas R$ 370 mil, para uma dívida líquida de mais de R$ 33 milhões. Ou seja: não basta seguir cegamente qualquer fórmula simplificada para escolher ações; é preciso diligência para analisar caso a caso (fonte: https://statusinvest. com.br/acoes/tcno4 – *link* acessado em 20/11/2020).[2]

14 DICAS PARA UM INVESTIDOR EM VALOR
Suno Call 157 – 18/09/2018

Quem me acompanha há mais tempo sabe que dou muito valor ao Twitter como ferramenta de informação. Andrew Kuhn, um *Value Investor* que acompanho, compartilhou algumas anotações sobre o processo de investimento de Joel Greenblatt.

Para quem não conhece, Joel Greenblatt é um investidor extremamente respeitado, que segue a filosofia do *Value Investing*. Sua obra *The Little Book That Beats The Market* foi um dos livros

---

2. Nota do editor: a despeito de incongruências pontuais, pesquisar por ações que conciliam baixo EV/EBIT e alto ROE costuma dar bons resultados. Basta notar que, no exemplo da busca por ações realizadas neste tópico, o Banco Itaú (ITUB3 e ITUB4) apareceu como líder no *ranking* de baixo EV/EBIT, ao passo que a Cury Construtora e Incorporadora (CURY3) se destacou como líder no *ranking* de ROE elevado, apresentando ótima saúde financeira.

que mais influenciou meu jeito de investir: focado em negócios rentáveis e baratos.

Traduzi as anotações do Twitter, que julgo extremamente relevantes:

1 – Apesar de estudar as notas explicativas ser crucial, os grandes números são mais importantes: a relação "preço/lucro" e a rentabilidade são os dois fatores mais importantes para se considerar, sendo o maior desafio saber quanto é o lucro normalizado.

2 – Uma relação "preço/lucro" baixa, baseada em lucros normalizados, é importante para se obter uma margem de segurança. Alta rentabilidade (baseada em lucros normalizados) simplesmente demonstra a qualidade do negócio.

3 – Pensamento independente, pesquisa profunda e a habilidade de perseverar em períodos de rentabilidade baixa são três fundamentos para se tornar um investidor de valor de sucesso.

4 – Preocupar-se com a volatilidade de curto prazo não tem nada a ver com ser um investidor de valor bem-sucedido.

5 – Pense em um portfólio concentrado como se você vivesse em uma cidade pequena e tivesse que investir US$ 1 milhão. Se você pesquisou minuciosamente para encontrar as cinco melhores empresas, o risco é mínimo. (Como diz Charlie Munger, "a melhor maneira de reduzir o risco é pensar").

6 – Situações especiais são apenas investimento em valor com um catalisador.

7 – Investir no mercado internacional pode oferecer as melhores oportunidades, pelo menos em termos de ativos baratos.

8 – Encontrar situações complicadas, que ninguém mais quer ter o trabalho de analisar, é uma forma de ter uma vantagem.

9 – Analisar os números é a melhor forma de aprender sobre a gestão. O que eles fizeram com o caixa? Quais são os incentivos? O salário é alto? Os insiders estão vendendo ações? Como é o histórico desta gestão?

10 – Foque em entender e comprar bons negócios baratos, e não se preocupe com a macroeconomia. Tudo é cíclico, portanto valor sempre pode ser encontrado em algum lugar.

11 – Foque em situações que não interessam aos grandes investidores institucionais (tipicamente pequenas e médias empresas da Bolsa).

12 – Não confie em ninguém com menos de 30 anos, ou com mais de 30 anos. Você precisa fazer a sua própria análise.

13 – Risco é a perda permanente de capital, e não pode ser medido por volatilidade, estatísticos ou acadêmicos.

14 – Todo investimento é investimento em valor e fazer distinção entre crescimento e valor não faz sentido.

VII – MOHNISH PABRAI (1964)

Mesmo que você invista em uma companhia que não possua as características de uma empresa extraordinária, caso você consiga pagar o preço correto, com grande desconto em relação ao valor intrínseco, este pode se mostrar um investimento extraordinário.

OS PRINCÍPIOS DE INVESTIMENTOS DE MOHNISH PABRAI

Suno Call 319 – 22/05/2019

Mohnish Pabrai é um de meus investidores favoritos. Discípulo de Warren Buffett e Charlie Munger, Pabrai segue a filosofia de investimento em valor com maestria, adaptando o conhecimento de seus ídolos ao conhecimento que os indianos possuem em gerir negócios.

Mohnish Pabrai é o fundador do Pabrai Investments Funds, sua primeira experiência no mercado financeiro. Posteriormente, em 2014, Pabrai criou o Dhandho Funds, seguindo a mesma filosofia de investimento.

Dhandho é uma palavra indiana que pode ser traduzida de maneira literal como "esforço que cria riqueza". De forma mais usual, a palavra é utilizada para se referir a "negócio".

Em seu livro publicado em 2007, *The Dhandho Investor* (ainda não publicado em português), Pabrai explica em mais detalhes a origem da palavra e apresenta sua filosofia de investimento, abordando sua admiração pelos gestores da Berkshire Hathaway e introduzindo conceitos que aprendeu com grandes investidores indianos.

Comentarei alguns princípios retirados de seu magnífico livro, que apresenta a filosofia de investimento responsável por construir o patrimônio do investidor indiano.

Compre negócios existentes

O primeiro princípio envolve a aquisição de negócios que já estão operando no mercado. Mohnish acredita que os riscos envolvidos na aquisição de um negócio que já está operando são muito menores do que os riscos associados a iniciar um negócio do zero.

Isso se deve ao fato de que um empreendimento em operação possui um modelo de negócios bem definido, com um longo histórico de resultados que pode ser estudado e compreendido, o que facilita a decisão de investimento.

Compre negócios simples em indústrias que possuem uma taxa de mudança extremamente lenta.

Sempre que analisamos uma empresa, tentamos perceber como a companhia se comportará no futuro. Sabemos que prever o futuro é impossível e, portanto, quanto mais rápidas forem as mudanças em uma indústria, maiores são as incertezas associadas à análise do investimento.

Para reduzir os riscos associados à análise e as incertezas relacionadas ao futuro, Mohnish Pabrai recomenda que o investidor busque empresas que atuam em setores em que as mudanças ocorrem lentamente. Esse pensamento é compartilhado por Warren Buffett, que vê *"mudanças como inimigas dos investimentos"*.

Compre negócios em momentos de dificuldades passageiras

Em momentos de dificuldades, as pessoas ficam temerosas e inúmeras barganhas surgem no mercado. Muitas vezes, as dificuldades são passageiras e fazem parte do ciclo do capitalismo.

Na década de 1970, por exemplo, com o embargo do petróleo, a redução do consumo de produtos discricionários (produtos não essenciais) e a profunda recessão econômica que se estabeleceu no mundo, a indústria hoteleira sofreu demasiadamente.

Entretanto, os indivíduos não deixariam de utilizar hotéis para sempre e aquela dificuldade era passageira. Assim, surgiu uma grande oportunidade de investimento nesse setor, que foi muito bem aproveitada por uma série de investidores indianos.

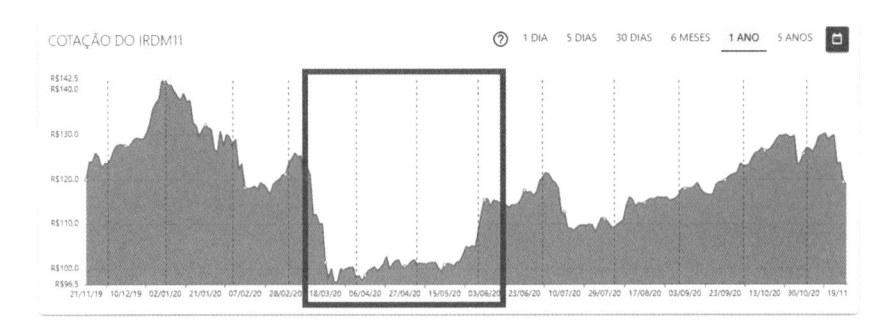

A pandemia do Coronavírus abriu uma janela de oportunidade para aportes em bons ativos, como o Iridium Recebíveis Imobiliários (IRDM11), fundo imobiliário negociado na B3, cujas cotas estavam na casa dos R$ 125 em novembro de 2019, chegaram a ser avaliadas acima de R$ 142 no mês seguinte e, entre março e junho de 2020, rondaram o patamar dos R$ 100 (vide em destaque), para então retornar para a região dos R$ 130 em novembro de 2020, pouco antes de o FII anunciar uma emissão de cotas que fez a cotação cair novamente para abaixo de R$ 120 (fonte: https://statusinvest.com.br/fundos-imobiliarios/irdm11 – *link* acessado em 20/11/2020).

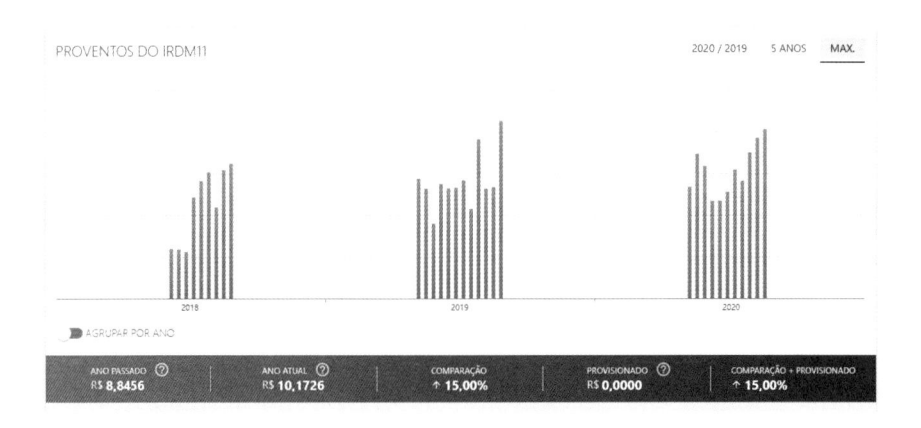

Embora o *crash* de 2020 tenha derrubado a cotação de IRDM11 entre março e junho, não houve queda substancial nos rendimentos, conforme apresentado pelo gráfico sobre os proventos de 2018, 2019 e 2020 – ao contrário: em 2020, mesmo sem contar o mês de dezembro, esse fundo imobiliário entregou R$ 10,1726 por cota, contra R$ 8,8456 em 2019 (fonte: https://statusinvest.com.br/fundos-imobiliarios/irdm11 – *link* acessado em 20/11/2020).

Compre negócios com vantagem competitiva duradoura

Existem diversas formas de vantagens competitivas. Algumas empresas, por exemplo, conseguem sustentar uma estrutura de custos que permite operar com preços menores que os concorrentes e ainda manter margens de lucro saudáveis e que garantem retornos interessantes.

Outras empresas possuem tecnologias difíceis de replicar, seja pelo alto custo ou pela grande curva de aprendizado para desenvolvê-la. Vantagens de escala, logística ou outras habilidades podem gerar vantagens competitivas para uma empresa.

Assim como Mohnish Pabrai, Warren Buffett também vê as vantagens competitivas como elemento chave para o sucesso do investimento. O guru de Omaha diz que *"o sucesso* (do investimento) *está na determinação das vantagens competitivas de uma empresa e, acima de tudo, na durabilidade dessa vantagem."*

Aposte alto quando as probabilidades estão muito favoráveis

Neste aspecto, novamente Mohnish Pabrai segue os ensinamentos de Warren Buffett. A paciência e a disciplina são elementos chave na filosofia de investimentos do indiano, que possui o seguinte lema:

"Poucas apostas, grandes apostas, apostas pouco frequentes."

Pabrai aguarda as raras oportunidades em que a probabilidade de perda permanente de capital é irrisória e o potencial de retorno é elevado. Nesse momento, o investidor indiano aposta alto.

Compre empresas com um grande desconto do seu valor intrínseco

Benjamin Graham, Warren Buffett e muitos outros grandes investidores defendem este princípio. Para que um investimento seja bem-sucedido, é fundamental que o investidor compre ativos com uma margem de segurança satisfatória.

Em uma reunião anual da Berkshire Hathaway, quando comentava sobre a Kraft Heinz, Buffett afirmou que *você pode tornar qualquer investimento em um mau negócio pagando muito".*

Com isso, Warren Buffett defende que um bom investimento não depende apenas da empresa, mas também do preço pago por ela. Quando não há margem de segurança, muito provavelmente, por mais que a empresa seja sólida, o investimento não trará retornos satisfatórios.

A IMPORTÂNCIA DO PREÇO DE ENTRADA
Suno Call 344 – 27/06/2019

Recentemente, um de meus investidores favoritos, Mohnish Pabrai, palestrou na Califórnia para alunos da Guanghua School of Management, da Peking University, sobre sua filosofia de vida.

Na palestra, realizada no dia primeiro de maio de 2019, Pabrai transmitiu grandes ensinamentos sobre investimentos e sobre sua maneira de pensar. Inclusive, argumentou que uma empresa excelente pode se mostrar um investimento ruim.

Empresas excelentes geralmente apresentam vantagens competitivas, receitas e lucros crescentes e estáveis, margens elevadas e uma série de fatores que as colocam nessa posição. Deste modo, tais empresas atraem grande atenção dos investidores.

Diversos analistas estão constantemente olhando para essas empresas, que, frequentemente, são precificadas de acordo com sua qualidade. Não por acaso, muitas vezes elas são negociadas com múltiplos elevadíssimos, bastante superiores à média do mercado.

Há quem defenda que o preço não importa. Mohnish Pabrai e Warren Buffett discordam dessa linha de raciocínio. Pabrai explica este ponto com maestria ao trazer o exemplo da Coca-Cola, empresa mundialmente conhecida por sua excelência.

Apesar de ser uma empresa muito bem gerida, que eleva suas receitas e os lucros constantemente, próximo ao ano 2000, a empresa era negociada a mais de 40 vezes o lucro. Por mais que fosse uma companhia excelente, o preço não justificava o investimento.

Caso você tivesse comprado as ações naquele ano e segurasse a posição até hoje, seus retornos anuais não superariam a marca de 3%. Caso tivesse comprado a ação em meados de 1998, dezoito anos depois seu retorno seria nulo.

Isso não significa que a empresa não cresceu. Pelo contrário, a empresa mais do que dobrou suas receitas e quase triplicou seus lucros. Entretanto, como disse Pabrai, uma boa empresa, que constantemente melhora seus resultados, nem sempre é um bom investimento. E isso ocorre quando o investidor paga caro demais.

Nessa situação, mesmo que a empresa entregue resultados satisfatórios, as elevadas expectativas no momento do investimento minimizam os retornos para os acionistas que, no caso da Coca-Cola, acabaram permanecendo duas décadas sem grandes retornos.

Este é o principal motivo de reforçarmos constantemente a necessidade de uma margem de segurança adequada para a realização de um investimento. Mesmo que você invista em uma companhia que não possua as características de uma empresa extraordinária, caso você consiga pagar o preço correto, com grande desconto em relação ao valor intrínseco, este pode se mostrar um investimento extraordinário.

Sabemos, por exemplo, que a Unipar não é uma empresa mundialmente conhecida por sua excelência, como é o caso da Coca-Cola ou da Amazon. Entretanto, caso você tivesse realizado um investimento em 2016, quando o ativo estava sendo negociado a um preço extremamente descontado em relação ao seu valor intrínseco, seus retornos superariam em muito os retornos de investimentos em empresas reconhecidas por sua excelência e que são negociadas a patamares elevados.

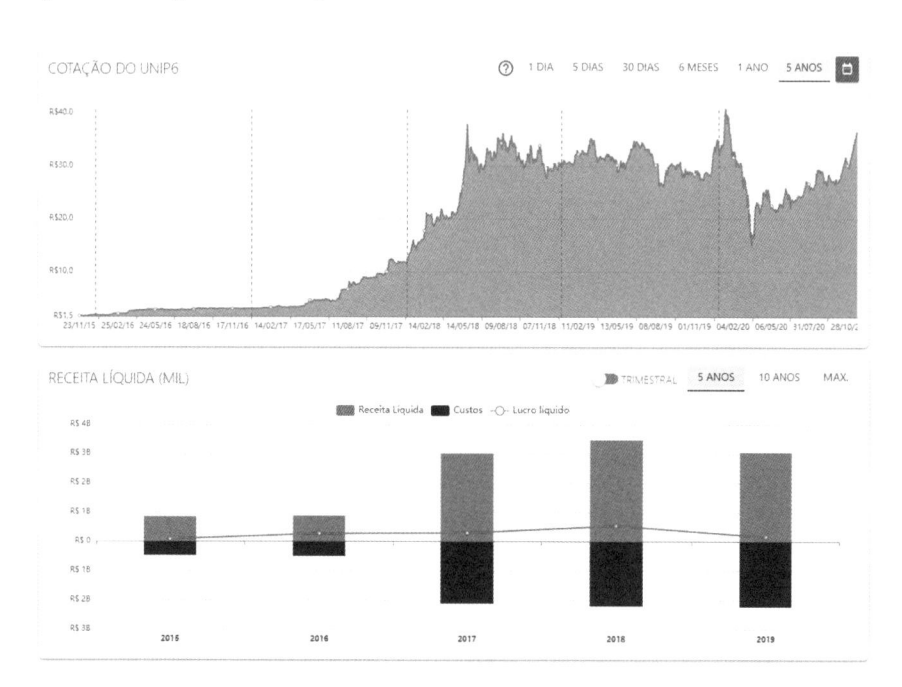

Gráficos combinados apresentam a evolução das cotações da Unipar Carbocloro (UNIP6) entre novembro de 2015 e novembro de 2020, bem como a evolução de receita líquida, custos e lucro líquido em período semelhante, sem contar os resultados do quarto trimestre de 2020. A subida vigorosa do preço da ação entre 2017 e 2018, partindo de R$ 3 para quase R$ 40 por ação, acompanhou o aumento brutal da receita líquida de 2016 para 2017, partindo de menos de R$ 900 milhões para mais de R$ 3 bilhões (fonte: https://statusinvest.com.br/acoes/unip6 – *link* acessado em 20/11/2020).

Isso não significa que empresas excelentes não podem ser bons investimentos. Caso o investidor consiga adquirir o ativo pelo preço adequado, considerando uma margem de segurança satisfatória, o investimento pode entregar excelentes retornos com riscos reduzidos. Entretanto, o investidor deve estar sempre atento ao preço inicial, pois, caso pague caro demais, como defende Warren Buffett, seu bom investimento se transformará em um mau negócio.

A "REGRA DOS DOIS A TRÊS ANOS" DE MOHNISH PABRAI
Suno Call 557 – 07/05/2020

Uma das obras-primas do investimento em valor é o livro *The Dhandho Investor: The Low-Risk Value Method to High Returns* (algo como "O investidor Dhandho: o método de baixo valor de risco para altos retornos", em português), escrito por Mohnish Pabrai. No capítulo 15, o autor fala sobre quando vender uma ação, e por quais motivos.

Primeiramente, Pabrai elenca a sua "regra dos dois a três anos", que determina que uma empresa deve ser mantida no portfólio por pelo menos dois ou, preferencialmente, três anos após sua compra.

Para ilustrar a regra, ele traz o exemplo da compra de um posto de combustível. Após ser adquirido, ocorrem quedas abruptas no preço do combustível, derrubando o valor do posto.

Então, embora o negócio tenha visto uma queda nos fluxos de caixa e mostre um futuro obscuro, precisamos dar o tempo necessário para que as coisas fiquem mais claras, como a média dos preços da *commodity*. De maneira mais ampla, Pabrai afirma:

> *"Enquanto o preço das companhias públicas pode passar por mudanças dramáticas em poucos minutos, negócios reais precisam de meses ou anos para que isso aconteça."*

Portanto, se é necessário esperar três anos para a situação melhorar, por que não esperar ainda mais? A resposta para este questionamento deve levar em consideração o custo de oportunidade de investir esse capital em outros ativos mais interessantes.

A "regra dos dois a três anos" também pode ajudar a não assustar investidores por causa dos preços baixos, sejam eles causados por um declínio súbito ou por um colapso do mercado.

Essa regra ajudou Pabrai a evitar equívocos com a Universal Stainless & Alloy Products Inc., uma companhia que manufatura produtos de aços especiais para determinadas aplicações, que incluem o mercado aeroespacial e o de geração de energia.

Pesquisas sobre a companhia mostravam que ela havia adquirido suas instalações de manufatura por menos de US$ 10 milhões. Além disso, ela usufruía de contratos trabalhistas flexíveis. Uma de suas unidades poderia gerar uma receita anual de US$ 150 milhões – patamar que, caso atingido, levaria o preço das ações a US$ 40.

Todas as evidências que Pabrai tinha apontavam para uma direção favorável. Assim, ele investiu 10% dos ativos do Pabrai Funds na companhia em 2002, comprando ações entre US$ 14 e US$ 15.

No entanto, um ano depois, os números da empresa pioraram. As ações caíram para US$ 5. Pabrai ficou tentado a vender, mas se ateve à regra criada por ele. O investidor também notou que o problema não estava na companhia, mas na indústria como um todo, que atravessava uma parte negativa do ciclo.

Após dois anos, em 2004, a companhia retomou a lucratividade e suas ações recuperaram o fôlego. Nesse momento, Pabrai também buscava auxílio na famosa regra de Warren Buffett:

"Nunca perca dinheiro."

À medida que o terceiro aniversário da compra das ações se aproximava, cada papel estava em torno dos US$ 15, deixando o Pabrai Funds em uma zona positiva. Nessa época, a unidade mencionada atingiu a receita anual de US$ 150 milhões.

Quando o terceiro ano passou, Pabrai comprou mais ações em um determinado momento de queda nos preços. Ao final de 2005, seus fundos tinham quase 10% da Universal Stainless.

Em abril de 2006, quatro anos após começar a montar a sua posição, Pabrai viu o preço das ações subir para US$ 31,50, ponto no qual ele começou a vender. Em maio, o preço chegou a US$ 35.

Enquanto escrevia o livro, seu fundo havia vendido cerca de 60% da posição. Nas ações que foram mantidas até tal época, o retorno anual médio havia sido de 19% ao ano e o ganho atingira 100% nas ações compradas no ano anterior. Assim, Pabrai notou que:

> *"Depois de três anos, se o investimento ainda estiver 'debaixo d'água', a causa é, provavelmente, um equívoco na estimativa do valor intrínseco do negócio. Também pode ser pelo fato de o valor intrínseco ter diminuído ao longo do tempo. Não hesite em realizar o prejuízo quando os três anos já tiverem passado."*

Além disso, ele também propõe sete questões que devem ser verificadas cuidadosamente antes de aproveitar qualquer oportunidade no mercado:

1) Conheço e entendo bem este negócio? Ele está em meu círculo de competência?

2) Quão bem sei o valor intrínseco hoje? Como ele pode mudar nos próximos anos?

3) O ativo está sendo vendido com um desconto em relação ao seu valor intrínseco? O desconto é maior que 50%?

4) Estou disposto a colocar uma parte significativa do meu patrimônio neste ativo?

5) Essa oportunidade possui um *downside* pequeno?

6) A empresa é protegida por uma vantagem competitiva estrutural?

7) Os gestores são honestos e capacitados?

Pabrai resume:

> *"A compra deve ser considerada apenas caso as sete respostas sejam um ressoante 'sim'. Se um negócio que é bem entendido lhe é oferecido pela metade ou menos de seu valor intrínseco, com baixo risco de* downside, *aproveite a oportunidade. Senão, mantenha a calma. Haverá melhores oportunidades no futuro."*

Trata-se de uma regra interessante para que o investidor seja paciente e disciplinado, evitando que suas emoções o sabotem, assim como viveu Mohnish Pabrai no caso citado.

Muitos investidores são tomados por diversas emoções, que os fazem ter atitudes infundadas diante de tempos ruins. No entanto, quando os fundamentos são sólidos, o longo prazo recompensa os pacientes. Afinal, as mudanças no preço que o mercado exibe não refletem reais alterações de valor do negócio. Estas geralmente demoram longos períodos para ocorrer.

FOQUE NO DESEMPENHO DOS NEGÓCIOS

Suno Call 602 – 10/07/2020

Em abril de 2020, quando o Ibovespa caiu para o patamar dos 63 mil pontos, diante da eclosão da pandemia do Coronavírus no Brasil, era impensável para muitos investidores que, três meses depois, o mercado já estaria novamente próximo dos 100 mil pontos. Este é apenas um entre vários exemplos de como o mercado de ações é imprevisível. Com isso, lembrei-me de uma frase de um grande investidor em valor, o indiano Mohnish Pabrai:

> *"É o desempenho do negócio que importa. Já é difícil descobrir o futuro dos negócios. Não tente descobrir o futuro do país ou do mundo – foque nos negócios."*

Com essa frase, Pabrai busca mostrar aos investidores que uma estratégia mais eficiente para os investimentos consiste em analisar as companhias, em vez de tentar prever continuamente qual será o próximo passo do mercado acionário.

Essa abordagem não é evidenciada apenas por Pabrai, mas também por grande parte dos investidores em valor. Para eles, o mercado acionário prova seu valor com o tempo, de modo que é muito comum associar diretamente a figura de um *Value Investor* ao investidor de longo prazo.

Voltando à ideia de Pabrai, podemos perceber que ele nos traz um conselho bastante valioso a respeito do círculo de competência: invista em um número pequeno de ideias.

É claro que ter um conhecimento geral de todos os setores da economia é muito importante para o investidor. No entanto, durante períodos de incerteza, esse valor pode se mostrar limitado, na medida em que o conhecimento geral não lhe oferece as ferramentas necessárias para identificar as melhores oportunidades. É preciso focar naquilo que se entende melhor.

Portanto, uma proposta interessante seria dedicar tempo e esforço a um número menor de setores da economia. Assim, você terá um conhecimento mais aprofundado desses setores e desenvolverá vantagens competitivas, além da habilidade de avaliar com maior destreza as oportunidades de risco e retorno. Certa vez, Warren Buffett afirmou:

> *"Você não precisa ser um especialista em todas as empresas, ou mesmo em muitas. Você só precisa avaliar empresas dentro do seu círculo de competência. O tamanho desse círculo não é muito importante; conhecer seus limites, no entanto, é vital."*

Em conjunto com a ideia de construção do círculo de competência, fica evidente que uma habilidade essencial ao bom investidor é a paciência.

Pabrai nos incentiva a buscar anomalias no sentido de encontrar as melhores oportunidades, que só aparecem de vez em quando. As grandes oportunidades, afinal, são raras. Por isso, o investidor precisa estar atento a seu horizonte – só assim ele será capaz de agir prontamente quando uma delas aparecer à sua frente.

Então, uma das grandes características de um investidor em valor é aguardar o melhor momento para agir. Trata-se de uma virtude que requer paciência e frieza. Nesse sentido, Pabrai já ressaltou várias vezes em seus discursos:

> *"A habilidade mais importante para ser um bom investidor é estar muito contente por não fazer nada por longos períodos, e isso é perfeitamente bom."*

Assim, a abordagem de Pabrai nos incentiva a nos concentrarmos nas companhias, e não em qual será o próximo passo do mercado acionário. Para isso, devemos desenvolver o interior de nosso círculo de competência – não necessariamente o seu tamanho. Também precisamos estar dispostos a esperar pelas melhores oportunidades que esse círculo pode nos oferecer.

POSFÁCIO

O portal dos indicadores fundamentalistas

Por Jean Tosetto[3]

Existe algo em comum que une grandes investidores de nossa história recente com jovens empreendedores que estudam o mercado financeiro: a generosidade.

Este livro apresentou textos que retratam o legado de indivíduos que fizeram fortuna nas Bolsas de Valores ao redor do mundo e, ainda assim, resolveram escrever livros sobre o investimento em valor. Para nenhum desses investidores escritores as publicações representaram ganhos minimamente relevantes para seus patrimônios. Ainda assim, eles se dedicaram com afinco e refinado entusiasmo ao ato de compartilhar o que aprenderam na prática.

Deste modo, Benjamin Graham, Décio Bazin, Peter Lynch, Howard Marks, Ray Dalio, Joel Greenblatt e Mohnish Pabrai (e outros que por razões de curadoria não foram homenageados nesta edição) lançaram luzes no céu da jornada dos investidores novatos.

Benjamim Graham, o pai do *Value Investing*, certamente é o patrono de todos os demais dessa lista. Imagine o quanto poderia ser difícil e penoso obter dados contábeis para extrair deles os indicadores fundamentalistas, no começo do século 20, quando não havia Internet e sequer padrões institucionais de publicação dos relatórios das empresas de capital aberto.

3. Jean Tosetto (1976) é arquiteto e urbanista graduado pela Pontifícia Universidade Católica de Campinas, São Paulo. Tem escritório próprio desde 1999. É autor e editor de livros, sendo adepto do *Value Investing* e colaborando com a Suno Research desde janeiro de 2017.

Num ambiente onde reinava a absoluta especulação, Graham desenvolveu o conceito de margem de segurança, baseado no imperativo de pagar por uma ação menos do que o seu valor intrínseco. Dentre a profusão de dados divulgados pelas empresas, muitas vezes de forma desencontrada, ele conseguiu destrinchar aqueles que poderiam clarear sua análise fundamentalista.

O representante brasileiro deste rol de investidores, Décio Bazin, coletava dados das companhias em páginas de jornais. Seu método de investimentos incluía acompanhar as notícias envolvendo as empresas e seus gestores. Se surgiam indícios negativos, ele abandonava o papel imediatamente.

Das páginas impressas de jornais, Bazin observou a razão entre os proventos distribuídos pelas empresas e a cotação de suas ações, identificando patamares mínimos para medir o potencial de retorno de seus aportes. Igualmente, ele chegou à conclusão de que companhias severamente endividadas não poderiam fazer parte de sua carteira.

Graham recomendava investir em empresas cujas dívidas líquidas não ultrapassassem metade de seus valores patrimoniais. Bazin tinha predileção por companhias que entregavam um *Dividend Yield* superior a 6%.

No fim dos anos de 1960, quando a Bolsa de São Paulo foi reorganizada, não era fácil para o investidor brasileiro, afastado dos grandes centros, obter tais dados. O jornal da cidade gaúcha de Santa Rosa, por exemplo, não publicava dados abertos das empresas listadas nas Bolsas do Rio de Janeiro ou de São Paulo, apenas os editais de proclamas. Porém, saber quem iria se casar naquela semana não era nada útil para quem comprava ações.

Hoje, tais dados estão a um clique de distância, na velocidade da Internet. A B3, nome atual da Bolsa de São Paulo, que incorporou as ações da Bolsa do Rio há alguns anos, mantém em seu *site* uma ferramenta para que investidores possam baixar todas as publicações trimestrais das companhias listadas, incluindo os Balanços Patrimoniais (BP), as Demonstrações dos Resultados de Exercícios (DRE) e as Demonstrações de Fluxos de Caixa (DFC).

Ainda assim, extrair os indicadores fundamentalistas desses documentos não é uma tarefa usual, mas restrita a analistas com alguma experiência. Por isso, os *sites* que reúnem essas informações de forma simplificada, para não dizer "mastigada", fazem um trabalho tão louvável quanto aqueles feitos pelos investidores de valor que se tornaram escritores.

Aqui cabe uma menção honrosa para o *site* Fundamentus (http://www.fundamentus.com.br/), uma das plataformas que reúnem indicadores fundamentalistas mais antigas no Brasil. Focado em empresas brasileiras de capital aberto na B3, o Fundamentus é de livre acesso e já ajudou milhares de pequenos investidores a encontrar ações condizentes com suas estratégias de renda variável.

Já os analistas profissionais, incluindo os gestores de grandes fundos de investimentos, se valem de ferramentas pagas, com recursos mais aprofundados – como os que permitem realizar *backtests*, utilizando dados históricos para recompor a evolução de ativos e índices. Neste quesito, a plataforma Economatica (https://economatica.com/) é muito bem avaliada.

Entre o *site* gratuito Fundamentus, que apresenta indicadores fundamentalistas elementares, e a plataforma paga Economatica, que possui uma série de mecanismos para análise avançada, temos o portal Status Invest (https://statusinvest.com.br/), que alia camadas mais profundas de informações para investidores, com acesso gratuito para a maioria de suas ferramentas.

A proposta do Status Invest é ousada: concentrar em apenas um portal da Internet as informações mais relevantes, não apenas das ações das empresas de capital aberto na B3, como também dos

BDRs das empresas estrangeiras, fundos imobiliários (FIIs), fundos de investimentos e Tesouro Direto. Para tanto, essa plataforma recolhe dados tanto da B3 como da CVM – Comissão de Valores Mobiliários – e do Tesouro Nacional, disponíveis abertamente.

Ao longo deste livro, que destrinchou estratégias de investimento em valor, utilizamos várias vezes os recursos gratuitos do Status Invest para demonstrar, na prática, como podemos empregar os ensinamentos dos grandes investidores que adotam o princípio da margem de segurança em seus aportes.

Como você já constatou nos capítulos anteriores, cada expoente do *Value Investing* possui suas preferências e estratégias específicas para analisar ativos financeiros, embora sejam convergentes no objetivo comum de encontrar aqueles que atendem ao critério da oportunidade.

De antemão, sabemos que não existe uma estratégia única e incontestável para empregar os conceitos do investimento em valor, no sentido de selecionar as melhores ações de cada momento da economia. No entanto, nada nos impede de realizar o exercício de reunir os principais indicadores fundamentalistas abordados neste livro, por distintos mestres do tema.

Seria possível usar o sistema de busca por ações da plataforma Status Invest para encontrar a ação perfeita, a partir dos filtros selecionados, mediante o estudo da trajetória de grandes e bem-sucedidos investidores?

Descobriremos isso agora, empregando os seguintes parâmetros de forma combinada:

1) De Benjamin Graham: digitar "0,50" como valor máximo no campo "Dívida Líquida / Patrimônio".

2) De Décio Bazin: marcar o valor mínimo "6,00" no campo "DY" (*Dividend Yield*).

3) De Peter Lynch: inserir o intervalo "20,00" a "25,00" no campo "CAGR Lucros 5 anos".

4) Interpretando Howard Marks: adotar o intervalo entre "0,00" e "1,00" no campo "P/VP".

5) Interpretando Howard Marks: adotar o intervalo entre "5,00" e "25,00" no campo "P/L".

6) Adaptando Joel Greenblatt: usar "25,00" como valor máximo no campo "EV/EBIT".

7) Adaptando Joel Greenblatt: usar "8,00" como valor mínimo no campo "ROE".

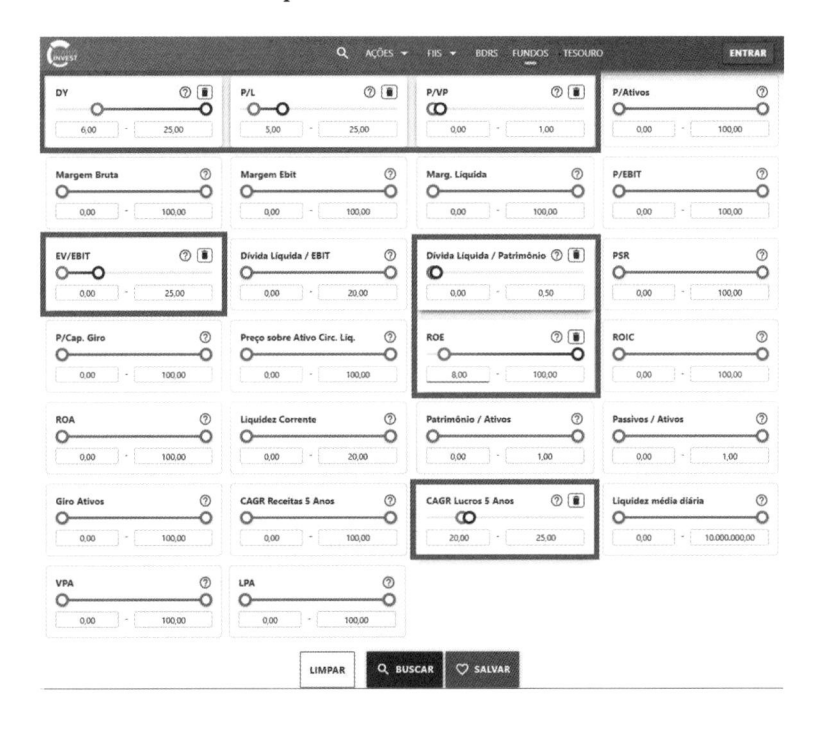

A busca avançada por ações na plataforma Status Invest, conforme os critérios reunidos de vários investidores de valor, listados anteriormente (fonte: https://statusinvest.com. br/acoes/busca-avancada – *link* acessado em 24/11/2020).

Conforme esperado, o resultado da busca por uma ação perfeita, que combina *Valuation* **atrativo com alta rentabilidade e dívida controlada, foi nulo (fonte: https://statusinvest. com.br/acoes/busca-avancada –** *link* **acessado em 24/11/2020).**

Ao alimentar estes dados no sistema de buscas por ações da plataforma Status Invest, basta clicar no botão "BUSCAR" para encontrar o resultado que já era esperado: nenhum. Não existe uma ação que atenda a todos os parâmetros de investimentos preconizados por investidores de sucesso diferentes, pois há quem priorize receber dividendos, ao passo que há quem priorize ver suas ações valorizando rapidamente.

Por isso, se abrirmos mão das altas taxas de crescimento de lucros, que tanto atraem Peter Lynch, para adotar uma taxa mais moderada, com o mínimo de "15,00" no campo "CAGR Lucros 5 anos", encontraremos nesse exercício, realizado em 24 de novembro de 2020, apenas uma ação: CSMG3 – o *ticker* da Copasa, empresa que atua no setor de utilidade pública, fornecendo água e saneamento básico para cidades de Minas Gerais.

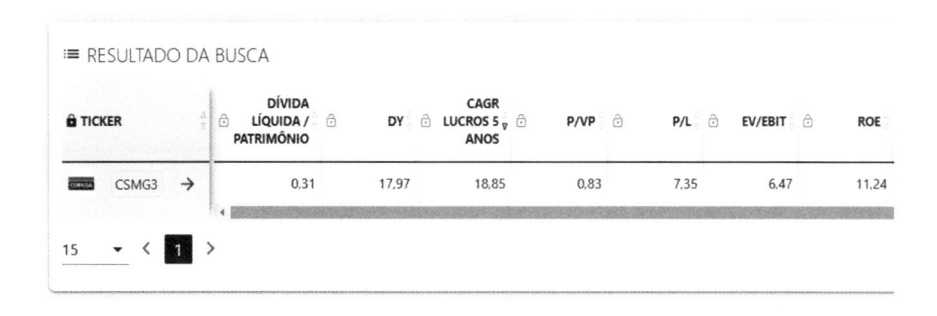

TICKER		DÍVIDA LÍQUIDA / PATRIMÔNIO		DY	CAGR LUCROS 5 ANOS		P/VP		P/L		EV/EBIT		ROE
CSMG3 →		0.31		17,97	18,85		0,83		7,35		6,47		11,24

Os excelentes indicadores fundamentalistas da Copasa, em novembro de 2020, mostram que esta empresa merece ingressar no radar dos analistas de valores mobiliários que recorrem ao investimento em valor (fonte: https://statusinvest.com.br/acoes/busca-avancada – link *acessado em 24/11/2020).*

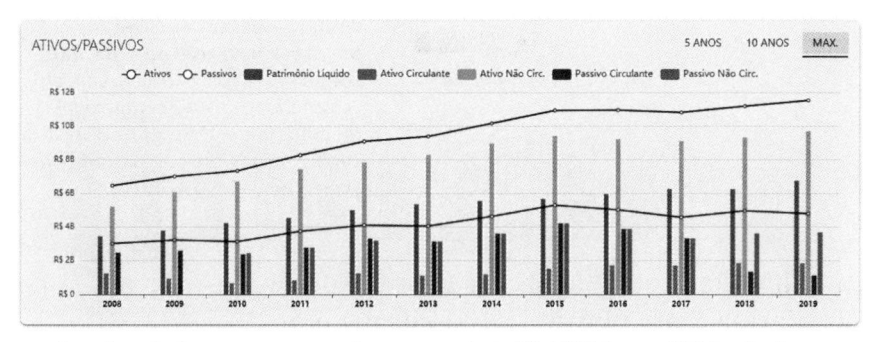

Os ativos da Copasa, que eram de pouco mais de R$ 6 bilhões em 2008, atingiram quase R$ 12 bilhões em 2019, revelando o crescimento do porte da empresa ao longo de uma década (fonte: https://statusinvest.com.br/acoes/csmg3 – *link* acessado em 24/11/2020).

Por outro lado, podemos desconsiderar os dividendos, tão adorados por Décio Bazin, para focar nossa procura por empresas que priorizem o crescimento de valor ao longo do tempo. Neste caso, podemos simplesmente apagar o filtro "DY" no campo de buscas do Status Invest. Aqui, também encontramos apenas uma ação: EALT4 – referente à empresa Electro Aço Altona, que atua no ramo de bens industriais, com máquinas e equipamentos.

RESULTADO DA BUSCA

TICKER	DÍVIDA LÍQUIDA / PATRIMÔNIO	DY	CAGR LUCROS 5 ANOS	P/VP	P/L	EV/EBIT	ROE
EALT4 →	0,40	1,19	20,01	0,64	5,44	9,75	11,69

15 ▾ < **1** >

Apesar de distribuir poucos dividendos, a *Small Cap* Electro Aço Altona ostenta indicadores fundamentalistas muito promissores, dignos de serem investigados com maior profundidade (fonte: https://statusinvest.com.br/acoes/busca-avancada – *link* acessado em 24/11/2020).

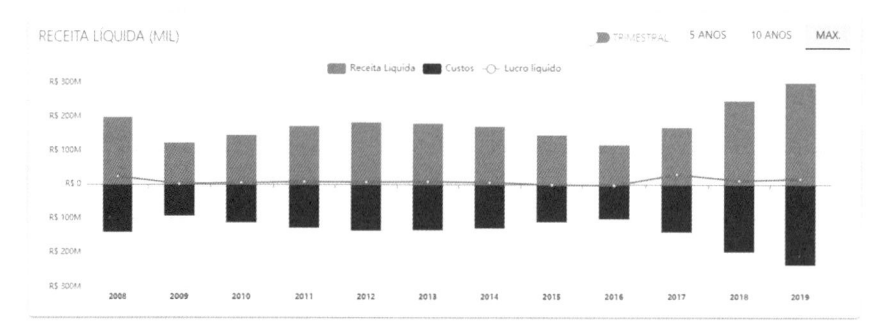

Após cair de R$ 183 milhões para R$ 117 milhões entre 2011 e 2016, a receita líquida anual da Electro Aço Altona cresceu rapidamente até 2019, atingindo a marca de quase R$ 300 milhões (fonte: https://statusinvest.com.br/acoes/ealt4 – *link* acessado em 24/11/2020).

Por favor, não entenda a menção de Copasa e Electro Aço Altona como recomendações. Este exercício serve apenas para demonstrar a valiosa utilidade da plataforma Status Invest para que investidores possam se encaminhar no aprofundamento de suas análises.

Você pode adicionar outros parâmetros para filtros não considerados neste breve estudo, que reflitam sua experiência ou forma de abordar os investimentos em renda variável. Há quem considere outros fatores igualmente importantes e que não foram destacados em nosso exercício, como margem líquida e margem EBIT, além da liquidez média diária das ações, bem como a relação entre passivos e ativos das companhias.

De todo modo, os melhores investidores não se guiam apenas pelo que os indicadores fundamentalistas revelam: eles investigam também as posturas dos gestores das companhias, incluindo o que eles escrevem em cartas abertas, quais projetos defendem e como lidam com eventuais dissabores nos resultados, entre vários outros aspectos tangíveis e intangíveis.

Para este tipo de análise ainda não existe um *site* na Internet capaz de condensar o desempenho de centenas de executivos das mais diversas companhias. Nesse fato reside a importância das casas de *research*, como a Suno, que acompanham o mercado constantemente e elaboram relatórios de grande valia para seus assinantes, depois de perscrutar as empresas por dentro.

O time de analistas certificados da Suno possui acesso à plataforma paga da Economatica, mas é notório, mediante os vídeos que a casa divulga no YouTube, que eles também fazem uso recorrente do Status Invest, razão pela qual vale a pena registrar o nome de seu idealizador: Stephânio Esteves Amaral.

Nascido em Divinópolis, no interior de Minas Gerais, Stephânio obteve graduação em Sistemas de Informação em 2013, pela Universidade Federal de Ouro Preto, também em Minas Gerais. Durante seu período na faculdade, participou um intercâmbio em Ciência da Computação na University of South Carolina, nos Estados Unidos.

Ainda muito jovem, começou a investir na Bolsa de São Paulo, em 2015, quando, após alguns anos, identificou a necessidade de desenvolver uma plataforma de indicadores fundamentalistas que pudesse englobar dados do mercado financeiro brasileiro, tanto de ativos de renda fixa como de renda variável.

Para desenvolver sua proposta, Stephânio convidou um colega de trabalho para lhe ajudar: Alex Queiroz de Oliveira. A parceria deu certo e, em outubro de 2019, o *site* Status Invest foi apresentado à comunidade de investidores brasileiros. Desde então, a plataforma vem sendo continuamente desenvolvida. Para tanto, Stephânio e Alex trabalham cerca de dez horas por dia, sete dias por semana, no intento de automatizar cada vez mais a alimentação dos dados, dos quais são extraídos os indicadores fundamentalistas.

Segundo os responsáveis pelo *site*, a ideia é manter todos os recursos já implementados com acesso gratuito para os visitantes, mas algumas ferramentas mais específicas estão sendo aprimoradas e devem ficar disponíveis apenas para assinantes do serviço – nada mais justo.

Pessoalmente, considero o trabalho desenvolvido por Stephânio Amaral e Alex Oliveira primordial. Eles ainda não são investidores famosos e ainda não escreveram livros. Porém, se você é adepto do investimento em valor no Brasil, deve dividir seu agradecimento com todos eles: não apenas Graham, Bazin, Lynch, Marks, Dalio, Greenblatt e Pabrai; mas também Amaral e Oliveira.

GLOSSÁRIO

Os principais termos e siglas adotados no vocabulário do mercado financeiro no Brasil

Ação ordinária (ON): ação que permite ao acionista participar das assembleias das empresas com capital aberto e votar nos temas propostos.

Ação preferencial (PN): ação sem direito a voto por parte do acionista, que, no entanto, tem a garantia de receber os dividendos estatutários ou outro benefício de acordo com a Lei das S/A ou com o estatuto da companhia.

Análise fundamentalista: forma de investir no mercado de ações que prioriza o retorno de longo prazo, proveniente dos lucros da atividade empresarial.

Análise gráfica: método para analisar o comportamento das ações no mercado tentando antecipar tendências por meio de movimentos identificados em gráficos que expressam a evolução das cotações.

Análise técnica: vide "Análise gráfica".

Ativos: todos os bens pertencentes a uma empresa, incluindo aplicações financeiras, imóveis, máquinas e equipamentos, veículos, participações em outras empresas e reservas de valor.

Balanço patrimonial: documento contábil que aponta tanto os bens como as dívidas de uma empresa, compreendidos como seus ativos e passivos.

BDR: sigla em inglês para *Brazilian Depositary Receipts*. São classes de valores mobiliários negociados no mercado brasileiro com lastros oriundos de ações estrangeiras. Investir em BDRs é uma forma de diversificar investimentos sem abrir contas em corretoras de outros países.

Blue Chips: expressão oriunda dos cassinos, onde as fichas azuis possuem maior valor. Nas Bolsas, equivalem às ações com maior volume de transações.

Bonificação: evento puramente contábil, no qual as empresas distribuem novas ações sem custo para os acionistas, conforme as quantidades de ações que eles já possuem. A cotação é ajustada na proporção inversa.

Cap Rate: abreviatura de *Capitalization Rate* (Taxa de Capitalização). É o retorno anualizado atribuído no momento da compra de um ativo imobiliário. Esta taxa é calculada multiplicando-se o aluguel pago por 12. Na sequência, divide-se pelo valor pago pela propriedade. Para se chegar à taxa final, multiplica-se por 100.

Capex: sigla da expressão inglesa *Capital Expenditure*, que compreende a quantidade de recursos financeiros alocados para a compra de bens de capital de uma determinada companhia, com o objetivo de manter ou até expandir o escopo das suas operações.

Capital: recurso financeiro expresso em moeda corrente. Empresas de capital aberto permitem que o público compre ações por meio do mercado de capitais. O capital de giro equivale ao dinheiro que a empresa coloca em movimento.

Circuit Breaker: mecanismo automatizado que interrompe os negócios nas Bolsas de Valores sempre que os índices de referência sobem ou descem abruptamente em níveis elevados (por exemplo, 10%).

Cotação: preço da ação determinado pelas forças do mercado.

Crash: situação de desvalorização geral e acentuada das ações, responsável pela quebra de vários agentes especuladores ou investidores.

Day Trade: operação especulativa de compra e venda de ativo listado na Bolsa, realizada na mesma data.

Debênture: título emitido por empresas para captar recursos no mercado de capitais, com prazos e créditos determinados, sem que seus detentores se configurem como sócios delas.

Desdobramento: vide "Bonificação".

Dívida Bruta/Patrimônio Líquido: indicador fundamentalista que expressa o grau de alavancagem (endividamento) de uma empresa.

Dividendo: parte dos lucros auferidos pelas empresas que será repartida com seus acionistas proporcionalmente à quantidade de ações que possuem.

Dividend Yield: indicador fundamentalista que representa em porcentagem a remuneração da ação dividida pela sua cotação, no prazo de 365 dias anteriores à cotação da ação. Por exemplo: no último ano a empresa distribuiu, entre dividendos e JCP, R$ 0,10 por ação. Se a ação está cotada em R$ 1,00, o *Dividend Yield* equivale a 10%.

DRE: sigla para Demonstração do Resultado do Exercício, documento que informa, em relação a determinado período, se uma companhia obteve lucro ou prejuízo.

EBITDA: sigla em inglês para *Earnings Before Interests, Taxes, Depreciation and Amortizations*, que, na sua tradução literal, significa Lucro Antes dos Juros, Impostos, Depreciação e Amortização. Tal indicador fundamentalista também pode ser chamado de LAJIDA.

ETF: sigla para *Exchange Traded Funds*, que em português soaria como FNB ou Fundos Negociados em Bolsa. Tais fundos relacionados aos índices, como o Ibovespa, são negociados como ações.

FIIs: sigla para Fundos de Investimento Imobiliário.

Fluxo de caixa: valor financeiro líquido de capital e seus equivalentes monetários que são transacionados – entrada e saída – por um negócio em um determinado período de tempo.

Futuro: tipo de negociação com prazos e condições pré-determinados, visando à garantia de preços mínimos e protegidos da volatilidade do mercado.

Grupamento (*inplit*): evento contábil no qual a empresa, a fim de minimizar a volatilidade de papéis com valor baixo, divide a quantidade de ações por um fator e multiplica por ele o valor da cotação, sem alterar o valor total de mercado. Fenômeno oposto ao desdobramento (*split*).

Hedge: operação financeira que busca a mitigação de riscos relacionados com as variações excessivas de preços dos ativos disponíveis no mercado.

JCP (JSCP): sigla para Juros Sobre Capital Próprio – uma forma alternativa aos dividendos para as empresas remunerarem seus acionistas, com retenção de impostos na fonte, reduzindo a carga tributária das empresas de forma legal.

Joint-venture: aliança entre empresas com vistas a empreendimentos ou projetos específicos de grande porte.

Liquidez corrente: indicador fundamentalista que expressa a relação entre o ativo circulante e o passivo circulante, demonstrando a capacidade da empresa em honrar compromissos no curto prazo.

Long & Short: estratégia na qual o investidor mantém, simultaneamente, uma posição comprada em um papel e uma posição vendida em outro, com o objetivo de lucrar com a diferença na variação de preços entre os dois ativos, que precisam ser relacionados. O termo também pode ser compreendido como uma operação de arbitragem.

Lote: no mercado financeiro brasileiro, o lote equivale a 100 ações como quantidade mínima ideal para compra e venda na Bolsa. Quando um lote é quebrado, as ações são negociadas no mercado fracionário, caso em que algumas corretoras de valores cobram taxas diferenciadas.

LPA: indicador fundamentalista que expressa o Lucro Por Ação.

Margem bruta: indicador fundamentalista que expressa o lucro bruto dividido pela receita líquida.

Margem líquida: indicador fundamentalista que expressa a relação entre o lucro líquido e a receita líquida.

Minoritários: investidores que adquirem ações em quantidades relativamente baixas, que impedem a sua participação na gestão das empresas.

Opção (OPC ou OTC): tipo de negociação que garante direito futuro de opção de compra ou de venda com preço pré-determinado.

Ordem: determinação de compra ou venda de ativo no mercado de capitais, que o aplicador comunica à sua corretora de valores para execução.

Papel: equivalente a ação (termo que fazia mais sentido quando as ações eram impressas e entregues ao portador).

Passivos: componentes contábeis das empresas, que representam seus compromissos, obrigações, dívidas e despesas circulantes e não circulantes, como salários de funcionários, empréstimos, tributos, dívidas com fornecedores.

P/Ativos: indicador fundamentalista que expressa a relação entre o Preço da ação e os Ativos totais por ação.

Patrimônio líquido: valor financeiro resultante da diferença entre os ativos e os passivos de uma empresa.

Payout: porcentagem do lucro líquido distribuído, na forma de dividendos ou juros sobre capital próprio, aos acionistas da empresa.

P/Capital de Giro: indicador fundamentalista que expressa a relação entre o Preço da ação e o Capital de Giro por ação, que por sua vez significa a diferença entre o ativo circulante e o passivo circulante da empresa.

PL (P/L): indicador fundamentalista para a relação entre Preço e Lucro, representando a cotação da ação no mercado dividida pelo seu lucro por ação.

Posição: situação do acionista em determinada empresa, fundo imobiliário ou ativo correlato. Quando um investidor zera a sua posição numa empresa ou num fundo imobiliário, por exemplo, significa que ele vendeu todas as suas ações ou cotas.

Pregão: período de negociações na Bolsa de Valores com negócios realizados eletronicamente. Antigamente, os pregões eram presenciais.

PSR: indicador fundamentalista cuja sigla em inglês indica *Price Sales Ratio* e equivale ao preço da ação dividido pela receita líquida por ação.

P/VP: indicador fundamentalista que expressa a relação entre o Preço da ação e o Valor Patrimonial da ação.

Realizar lucros: vender ações para converter as valorizações em capital disponível para outros fins.

Release: é um comunicado emitido pelas empresas, para dar destaque a informações não financeiras importantes para o melhor entendimento das demonstrações financeiras. Não é um documento de divulgação obrigatória.

Resistência: valor historicamente mais alto atingido pela cotação de determinada ação.

ROE: sigla em inglês para *Return On Equity*. Também é conhecido no Brasil como RPL, ou seja, Retorno sobre o Patrimônio Líquido. Essa métrica indica o quanto uma empresa é rentável, mostrando o lucro líquido dividido pelo seu patrimônio líquido.

ROIC: sigla em inglês para *Return On Invested Capital*, que em português significa Retorno Sobre o Capital Investido, ou seja, o capital próprio da empresa somado ao capital de terceiros.

SA (S/A): sigla para Sociedade Anônima, comum nas razões sociais das empresas de capital aberto.

Short Selling: venda a descoberto. Estratégia de especulação conduzida por quem aluga um ativo ou derivativo para vender no mercado, na expectativa de queda das cotações para recompra futura com lucro.

Small Caps: empresas de porte menor se comparadas com as *Blue Chips*, com baixo volume diário de negociações e pouca liquidez no mercado.

Stop Loss: ordem de venda automatizada de uma ação, pré-determinada pelo aplicador junto à corretora de valores, para evitar perdas com quedas excessivas das cotações.

Stop Gain: ordem de venda automatizada de uma ação, pré-determinada pelo aplicador junto à corretora de valores, para realizar lucros.

Subscrição: situação que ocorre quando as empresas oferecem novas ações preferencialmente para seus acionistas. O mesmo se aplica aos fundos imobiliários em relação aos seus cotistas.

Swing Trade: operação especulativa de compra e venda de ativo listado na Bolsa, realizada em prazos curtos, que variam de três dias até algumas semanas.

Tag Along: mecanismo de proteção concedido aos acionistas minoritários por um empreendimento que possui suas ações negociadas na Bolsa de Valores, caso ocorra um processo de venda do controle para terceiros, por parte dos acionistas majoritários.

Termo: tipo de negócio realizado com pagamento a prazo.

Ticker: código pelo qual os ativos são negociados em Bolsas de Valores. Por exemplo, TIET3 é o código da ação ordinária da Geradora Tietê. TIET4 é o código da ação preferencial da mesma empresa e TIET11 é o código das suas *Units*. Já o BDR do Google usa o código GOOG35.

Underwrite: ato do investidor de subscrever ações ofertadas pelas empresas.

Units: ativos compostos por mais de uma classe de valores mobiliários, como, por exemplo, um conjunto de ações ordinárias e preferenciais.

Upside: é o potencial de valorização de uma ação.

Valuation: conjunto de ponderações técnicas e subjetivas para avaliar uma empresa ou um fundo imobiliário, visando encontrar o valor justo de suas ações ou cotas, bem como seu potencial de retorno para investidores.

VPA: indicador fundamentalista que expressa o Valor Patrimonial por Ação, ou seja: o valor do patrimônio líquido dividido pelo número total de ações.

Envie seus comentários construtivos:
contato@sunoresearch.com.br

Outros títulos disponíveis em versão impressa:

- Guia Suno Dividendos
- Guia Suno de Contabilidade para Investidores
- Guia Suno Fundos Imobiliários
- 101 Perguntas e Respostas para Investidores Iniciantes
- Guia Suno *Small Caps*
- Guia Suno Fundos de Investimentos
- Cultivando Rendimentos
- Lições de Valor com Warren Buffett e Charlie Munger
- 101 Perguntas e Respostas sobre Fundos Imobiliários

Projeto editorial: Suno Research
Coordenação: Leonardo Dirickson
Editor: Fabio Humberg
Editor associado: Jean Tosetto
Colaboradores: Henrique Imperial & Victor Montezuma
Agradecimento: Marcelo Oliveira
Capa: Alejandro Uribe, sobre ideia original de Jean Tosetto & Marcel Leal
Diagramação: Alejandro Uribe
Revisão: Humberto Grenes / Cristina Bragato / Rodrigo Humberg

Dados Internacionais de Catalogação na Publicação (CIP)
(Câmara Brasileira do Livro, SP, Brasil)

Reis, Tiago
    Expoentes do Value Investing: De Graham a
    Pabrai : o legado de investidores escritores / Tiago
    Reis. -- São Paulo : Editora CL-A Cultural, 2022. --
    (O melhor do Suno Call ; v. 2)-

    ISBN 978-65-87953-34-2

    1. Ações (Finanças)   2. Bolsa de valores.
    3. Economia   4. Finanças pessoais   5. Investimento
    em valor   I. Título   II. Série.

22-105459   CDD-332.6

Índices para catálogo sistemático:

1. Investimentos : Economia financeira 332.6

(Maria Alice Ferreira - Bibliotecária - CRB-8/7964)

Editora CL-A Cultural Ltda.
Tel.: (11) 3766-9015 | Whatsapp: (11) 96922-1083
editoracla@editoracla.com.br | www.editoracla.com.br
linkedin.com/company/editora-cl-a/